本书为全国教育科学"十三五"规划教育部重点课题"人类命运共同体视阈下我国中小学国际理解教育课程体系建构研究"（课题号：DDA200303）的阶段性研究成果

| 国际理解教育丛书 |

跨文化理解
高中国际理解教育课程开发

KUA WENHUA LIJIE
GAOZHONG GUOJI LIJIE JIAOYU KECHENG KAIFA

中国教育国际交流协会 /编著

北京师范大学出版集团
BEIJING NORMAL UNIVERSITY PUBLISHING GROUP
北京师范大学出版社

图书在版编目（CIP）数据

跨文化理解：高中国际理解教育课程开发 / 中国教育国际交流协会编著 . —北京：北京师范大学出版社，2022.1（2022.11 重印）
（国际理解教育丛书）
ISBN 978-7-303-27619-6

Ⅰ. ①跨⋯　Ⅱ. ①中⋯　Ⅲ. ①国际教育 – 课程 – 教学研究 – 高中　Ⅳ. ① G632.3

中国版本图书馆 CIP 数据核字（2021）第 278517 号

教材意见反馈	gaozhifk@bnupg.com　010-58805079		
营销中心电话	010-58802755　58800035		
北师大出版社教师教育分社微信公众号	京师教师教育		

KUAWENHUA LIJIE：GAOZHONG GUOJI LIJIE JIAOYU KECHENG KAIFA

出版发行：北京师范大学出版社　www.bnupg.com
　　　　　北京市西城区新街口外大街 12–3 号
　　　　　邮政编码：100088
印　　刷：北京虎彩文化传播有限公司
经　　销：全国新华书店
开　　本：787 mm × 1092 mm　1/16
印　　张：9.25
字　　数：120 千字
版　　次：2022 年 1 月第 1 版
印　　次：2022 年 11 月第 2 次印刷
定　　价：46.00 元

策划编辑：鲍红玉　　　　　责任编辑：周　鹏　安　健
美术编辑：焦　丽　　　　　装帧设计：焦　丽
责任校对：丁念慈　　　　　责任印制：马　洁

版权所有　侵权必究

反盗版、侵权举报电话：010-58800697
北京读者服务部电话：010-58808104
外埠邮购电话：010-58808083
本书如有印装质量问题，请与印制管理部联系调换。
印制管理部电话：010-58805079

本书编委会

主　　编：刘利民

副 主 编：王永利　沈雪松　余有根　安　延

编　　委：蒋凌燕　张　玲　孙冬前　狄　雁

学术指导：姜英敏

丛书总序

经济的全球化增强了各国各民族之间的交往，世界各国在政治、经济、科学技术等方面的相互依赖性增强。但是各国各民族的文化不同，人们在交往过程中往往会遇到因文化差异而引起的一些误解和矛盾，因此需要互相了解和理解。习近平主席2014年3月27日在联合国教科文组织总部演讲时说："文明因交流而多彩，文明因互鉴而丰富。文明交流互鉴是推动人类文明进步和世界和平发展的重要动力。"并且说："让教育为文明传承和创造服务。"教育是国际理解、促进世界和平的重要桥梁。正如联合国教科文组织的报告《反思教育：向"全球共同利益"的理念转变？》中所说：教育应该以人文主义为基础，为尊重生命和人类尊严、权利平等、社会正义、文化多样性、国际团结和可持续的未来承担共同责任。国际理解教育是在学校中教育学生认识当今世界的现实，了解文化的多样性和差异性，懂得理解并尊重不同国家和不同民族的价值观念，尊重各国各民族的文化传统，做到互鉴共荣。

学校如何开展国际理解教育呢？其中既有认识问题又有方式方法问题。姜英敏教授主编的这套"国际理解教育丛书"就是来解决这些问题的。姜英敏教授带领她的团队，不仅开展了理论研究，而且深入实际，用了四年多的时间在多个地区、多所学校开展国际理解教育的实践，开发了课程，指导老师备课、讲课，积累了丰富的经验。丛书系统梳理了国际理解教育的理论基础，介绍了外国的经验，试制出小学版、中学版课程体系，并按照课程体系的五大领域收录了课程案例，有理论有实践，既能让老师们了解国际理解教育产生的时代背景以及它的理论基础，又能借鉴具体的课程设计和课程案例。案例中充满了故事，非常具有可读性和可复制性，值得推广。

2020年12月10日

本书序言

当今世界格局正在经历着前所未有的深刻变革，机遇和挑战并存。突如其来的新冠肺炎疫情席卷全球，在给人类生产和生活带来前所未有的挑战和考验的同时，也加速了世界百年未有之大变局的演变。面对疫情，大家越来越意识到各国命运紧密相连，唯有团结合作才是战胜危机的人间正道，习近平主席提出的人类命运共同体理念更加深入人心。

面向未来，我国亟须大量具有国际视野、通晓国际规划、能够参与国际事务和国际竞争的国际化人才。2020年，《教育部等八部门关于加快和扩大新时代教育对外开放的意见》的出台，因应了构建人类命运共同体的时代要求，凸显了教育对外开放在我国教育事业和全面开放新格局中的坐标位置和引擎作用，强调了教育对外开放工作要更好服务教育现代化和教育强国建设、更好服务人民群众对美好生活的需要，明确了新时代教育对外开放的指导思想、基本原则、重点任务，对各级各类教育的对外开放提出了明确要求。其中，基础教育要

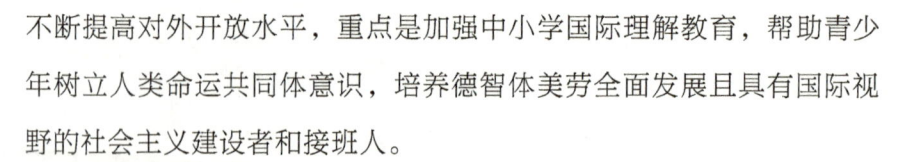

不断提高对外开放水平，重点是加强中小学国际理解教育，帮助青少年树立人类命运共同体意识，培养德智体美劳全面发展且具有国际视野的社会主义建设者和接班人。

中国教育国际交流协会AFS国际文化交流项目是面向世界大多数国家和地区的中学师生跨文化交流项目，旨在增进中学师生对不同国家、不同文化的深度认识和理解，培养具有国际视野和跨文化沟通能力的国际化人才。自1981年以来，这项工作在中外青年学子的不断参与、海内外无数爱心家庭和志愿者的无私奉献以及每一位项目管理者和支持者的辛勤付出中结出累累果实，为国家培养了近万名精通外语、视野开阔、善于跨文化沟通的青年人才，同时让很多异国青年了解了中国。

与此同时，中国教育国际交流协会AFS国际文化交流项目的管理团队自2010年开始提炼跨文化学习和交流领域的理论工具和能力素养，通过持续不断地开展研讨会、工作坊、课堂实践、师生交流和教师培训等工作将之付诸国际理解教育实践。在中国教育国际交流协会AFS国际文化交流项目开展40周年之际，中国教育国际交流协会与北京师范大学合作编写了本书，作为全国教育科学"十三五"规划教育部重点课题"人类命运共同体视阈下我国中小学国际理解教育课程体系建构研究"（课题号：DDA200303）的阶段性研究成果，以期为我国基础教育阶段国际理解教育的课程建设提供参考。

中国教育国际交流协会会长
2021年3月1日

前　言

我国中小学国际理解教育自2010年《国家中长期教育改革和发展规划纲要（2010—2020年）》颁布以来，进入蓬勃发展期，历经十余年，取得了不少实践经验。但由于理论研究尚待充实，未能形成共识意义上的概念和理论体系，成为阻碍各地教育从量的增长转向内涵发展的瓶颈。特别是课程开发，成为我国国际理解教育实践的重点与难点。本书以跨文化理解为切入点，试图为高中阶段国际理解教育的课程开发提供可资借鉴的案例。

从教育部关于国际理解教育的相关政策文件中可以看出，我国在国际理解教育目标设定上存在"学习了解外国文化""培养国际竞争力""核心素养培养""人类命运共同体意识培养"等多重定位，使中小学实践呈现出多种方向和主张并存、困惑与茫然共生的特征。本书认为，我国现阶段国际理解教育应坚持党的十九大报告中提出的"构建人类命运共同体"的对外开放战略，将其作为课程设计的出发

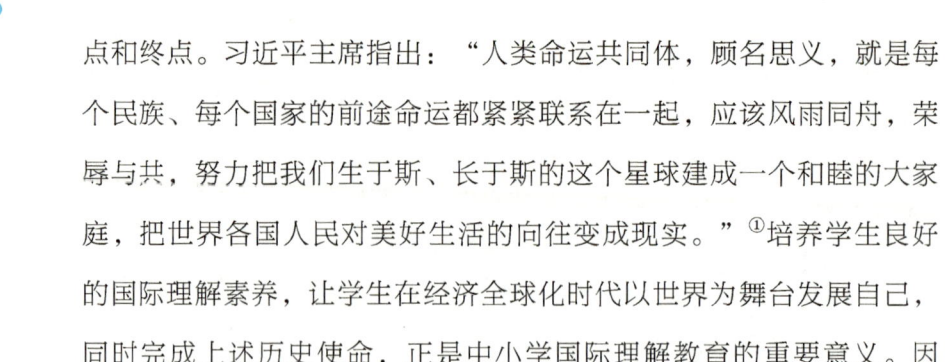

点和终点。习近平主席指出："人类命运共同体，顾名思义，就是每个民族、每个国家的前途命运都紧紧联系在一起，应该风雨同舟，荣辱与共，努力把我们生于斯、长于斯的这个星球建成一个和睦的大家庭，把世界各国人民对美好生活的向往变成现实。"[①]培养学生良好的国际理解素养，让学生在经济全球化时代以世界为舞台发展自己，同时完成上述历史使命，正是中小学国际理解教育的重要意义。因此，本书将国际理解教育定义为：国际理解教育是在构建人类命运共同体总目标下，使学生认识到科技革命和经济全球化带来的世界性变革以及全球的连接性和相互依赖性，在形成坚定的民族、国家认同的基础上，学会尊重世界文明、文化的多样性，同时具备全球胸怀和责任意识的教育。

高中国际理解教育的课程建构应全面贯彻党的十九大精神以及《中国教育现代化2035》发展愿景中对我国教育发展和人才培养的定位，遵循《教育部等八部门关于加快和扩大新时代教育对外开放的意见》中提出的"德智体美劳全面发展且具有国际视野的新时代青少年"的国际理解教育培养目标。在此基础上，以社会主义核心价值观和立德树人根本任务为导向，关注学生的未来发展，从学校活动、课程体系和国际交流等维度深入推进国际理解教育的全面实施。

因此，本书将高中阶段国际理解教育的目标设定为：培养学生在纷繁复杂的全球大环境中形成坚定不移的本国、本民族文化认同，培养对文化多样性的尊重意识，关注全球性议题，深入理解世界的相互

---

① 习近平：《论坚持推动构建人类命运共同体》，510页，北京，中央文献出版社，2018。

依赖性与全球和谐共生的意义，初步形成构建人类命运共同体的使命感和责任感。

在课程内容设计过程中，高中阶段的国际理解教育应充分体现学生作为社会之一员、国家之一员、全球之一员、自然之一员所应具有的情感和态度。首先，应使学生充分感知自身及周边环境的文化要素，形成对本土、本乡文化的归属意识。其次，应使学生充分理解中华优秀传统文化，理解国内不同民族、不同地区各有特色的文化样态，认识到经济全球化对我国的影响，形成作为中国人的责任意识。再次，应使学生关心全球性议题，关注人类共同命运，形成人类命运共同体意识和地球建设者的责任意识。最后，应使学生关注人与自然、环境的联系，形成保护自然、致力于促进人与自然和谐共生的责任意识。

文化理解是国际理解教育的核心内容，包括对文化概念、文化属性的理解，对本土、本乡、本国、本民族文化的认识和理解，对文化多样性及其价值的认识，对文化冲突的概念及消解途径和方法的认识和理解等。通过上述内容的学习，学生形成对本文化的归属意识和对他文化的尊重态度，理解文化冲突的产生机理，形成理性与和平地消解冲突、实现文化间共生的能力和态度。

随着改革开放步伐的加快，我国从"面向世界"到成为"世界重要成员之一"，在国际舞台上发挥着越来越重要的作用。我们有必要让学生认识到作为负责任的全球一员，我国对世界作出了哪些贡献、从世界各国得到了哪些帮助，并使学生理解人类命运共同体倡议的由来、思考作为高中生应作出怎样的努力等。

这里要着重强调的是，国际理解教育的主要目的不是传授知识，而是形成学生的能力和态度。因此，在教学内容和方法设计上，应避免以认知强化为目的的教育活动，而要强调引发学生思考和讨论的教育活动。在评价方式上，推荐以对话式评价、档案袋评价、表现性评价等多样化的评价方式为主。

姜英敏

2020年12月于北京师范大学国际与比较教育研究院

目 录
CONTENTS

第一章　文化是什么

3 /　　第一节　此湖与彼湖

7 /　　第二节　怎么做才是"对"的

11 /　　第三节　冰山之下

第二章　识别文化的维度

29 /　　第一节　文化可以测量吗

34 /　　第二节　球该传给谁

38 /　　第三节　德式文明

第三章　刻板印象与普遍印象

49 /　　第一节　兔子的险境

55 /　第二节　"先见之明"

61 /　第三节　"真相"是什么

第四章　文化差异

73 /　第一节　缤纷世界

79 /　第二节　东西相遇

82 /　第三节　"礼貌"莫名

第五章　跨文化适应

91 /　第一节　舒适人生

95 /　第二节　文化休克

101 /　第三节　遛狗的客人

第六章　跨文化沟通

109 /　第一节　How are you doing（你好吗）

115 /　第二节　亲朋之间

120 /　第三节　课堂之上

132 /　**后　记**

134 /　**致　谢**

第一章
文化是什么

导 读

什么是文化？《现代汉语词典》对"文化"一词的解释是："人类在社会历史发展过程中所创造的物质财富和精神财富的总和，特指精神财富，如文学、艺术、教育、科学等。"

文化是人创造的而非自然物，是社会现象而非自然现象。然而文化和自然并不相互排斥，自然的事物经人类的活动或是有规则的加工，就有了文化。文化是人类社会创造的，是人类智慧和劳动的体现，具有社会普遍性。这种创造包括物质和精神两个方面。

本章借助文化的洋葱比喻和冰山比喻，通过对西湖申遗、西方国家社会规范、中法两大博物馆对话等案例的分析，展示文化的各个层面，引导同学们学会透过现象看本质，在纷繁复杂的文化现象背后寻找深层的文化成因。

第一节　此湖与彼湖

案例思考　>>>>>>>

2011年6月24日，杭州西湖成功申遗（图1-1）！中国新闻网发表的文章《西湖申遗成功 杭州副市长曾被世遗专家"雷倒"》中提到：在巴黎举行的第35届世界遗产大会宣布，中国西湖文化景观被纳入《世界遗产名录》。消息传出，分管西湖申遗的杭州副市长喜极而泣。而几年前，当杭州西湖刚刚启动申遗时，一位来自北欧的世界文化遗产专家的一席话曾经让这位副市长吓出一身冷汗："在我的家乡，像这样的湖有几千个。"

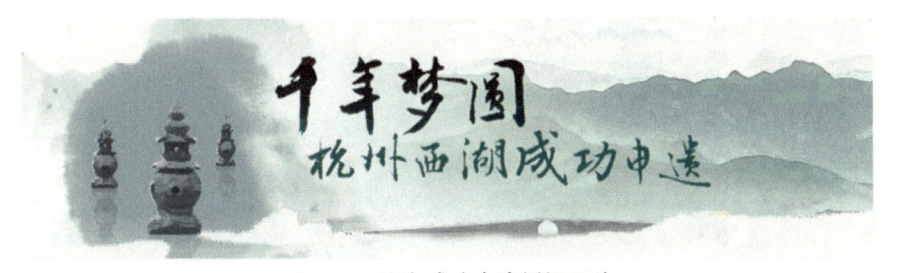

图1-1　西湖成功申遗新闻图片

1999年，杭州市政府正式宣布为西湖申遗，但是由于种种原因没有成功。"西湖申遗起步很早，但在相当一段时间内确实举步维艰。"参与起草申报书的中国建筑历史研究所（现为中国建筑设计院有限公司建筑历史研究所）所长说。一个重要原因是一直未能找到一个准确的定位，在"西湖为什么应该是世界文化遗产"的问题上缺乏话语权。

有一次，这位所长带着一位来自比利时的世界文化遗产专家考察西湖。当他们走到西湖中段时，所长向专家解释，这湖光潋滟、重峦叠嶂的西湖可称为"无声的诗，有声的画"，而"无声的诗，有声的画"就是中国山水美学的审美特征。但这位专家听了直摇头："啊，你们是这么看的？我可什么都没感觉到。"

所长说到，以"西湖十景"为代表的西湖景观是园艺、绘画、诗词"三位一体"的关联性文化行为的创造物，表现出讲究"诗情画意"和"天然图画"的东方审美情趣，以及追求人与自然"情景交融"的和谐互动意境（图1-2）。中国文明与文化具有多元特性，中国传统哲学中有"天人合一"的理念。同时，由于文化景观在保存状态上具有"有机演变"的特性，与中国文明属于唯一传承至今的文明的特性相吻合，与中国文化遗产的保存特性相吻合。

图1-2 雪后西湖

【思考】

1. 你认为比利时专家听了关于西湖符合中国山水美学"无声的诗，有声的画"的审美特征的陈述时为什么直摇头？

2. 你认为怎样才能让来自其他文化的人读懂西湖之美？

知识补给

什么是文化

"文化"到底是什么呢？文化人类学家爱德华·伯内特·泰勒（E.B.Tylor）是最早对文化作明确定义的学者，他在《原始文化》一书中将"文化"概述为:"文化或文明是一个复杂的整体,它包括知识、信仰、艺术、伦理道德、法律、风俗和作为一个社会成员的人通过学习而获得的任何其他能力和习惯。"后来,学术界的很多专家、学者对文化作出了各种不同的定义,迄今为止已有上百种。由此看来,文化包罗万象,涉及的范围非常广泛。人类创造的一切经验、知识、科学、技术、理论以及财产制度、教育、语言方式、思想观念、道德规范等,都属于文化范畴。

文化三层面

有学者把文化形象地比喻成洋葱,将其分为三个层面:表层、中间层和核心层。就文化来说,表层的概念是具体而可见的部分,是传递文化含义的标志,包括文化景观、语言、服装、建筑艺术等,如上文谈到的西湖,日本的富士山、美国的自由女神像等也属于文化的表层范畴。表层文化具有重要的意义,大到国家、民族的文化,小到家庭、个人的文化,都需要通过具体可见的文化标志传递,进而被外界所感知和领会。文化的中间层包括英雄人物、礼仪、社会规范等。文化的核心层是价值观。文化的这几个层面联系紧密,不可分割。

西湖申遗其实是一次跨文化的对话,是在不同的文化之间架起认知的桥梁、让西湖成为"世界的西湖"的过程。在中国人眼里,西湖是中国传统知识分子的精神家园,是中国人世代向往的人间天堂,是中国历史悠久、影响巨大的"文化名湖",曾对9—18世纪东亚地区的文化产生了广泛影响。"看得见"的西湖本是一个山水实体,属于自然界的一部分,就像那位来自北欧的世界文化遗产专家所说:"在我的家乡,像这样的湖有几千个。"隐藏在西湖文化景观背后的"看不见,摸不着"的历史文化,才是其成为世界遗产的真正原因。

拓展阅读

文化是人创造的而非自然物，是社会现象而非自然现象。然而文化和自然并不相互排斥，自然的事物经人类的活动或是有规则的加工，就有了文化。文化是人类社会创造的，是人类智慧和劳动的体现，具有社会普遍性。这种创造包括物质和精神两个方面。

文化和我们的生活息息相关，最易被我们感受到的文化是其表层能传递文化含义的标志，我们在日常生活中应多留心观察和感受身边的这些标志。

实践探索

学校正在举办校园国际文化交流节，你将参与两项活动：一是在小组、班级、社团、家庭等集体中选择一个来构建它的文化标志，并向外国朋友讲一讲这个标志所传递的文化含义；二是承担"中国文化分享大使"的任务，参加"中外文化交流分享会"，与参加中国教育国际交流协会[①]举办的AFS国际文化交流项目[②]的外国学生互相介绍自己国家的特色文化，加深国与国之间的理解和沟通，建立友谊。

你会向外国学生介绍哪些中国文化？你打算怎样介绍呢？

---

① 中国教育国际交流协会（China Education Association for International Exchange, CEAIE）成立于1981年7月，是中国教育界开展民间对外教育合作与交流的全国非营利性机构，致力于推动中国教育界同世界各国、各地区的交流与合作，促进教育、科技和文化事业的发展，增进各国、各地区人民之间的了解和友谊。

② AFS（American Field Service，美国战地服务团）国际文化交流项目是中国教育国际交流协会和AFS国际文化交流组织合作在华开展的项目。AFS国际文化交流组织以提供跨文化交流的机会、培养青年人的国际视野和全球胜任力为宗旨，以入住各国老百姓家庭、入读公立学校为主要交流方式，以志愿者支持和社区服务为主要特色，以国际理解教育为项目核心，在全球60多个国家开展项目，至今已有100多年的历史。

第二节　怎么做才是"对"的

案例思考 >>>>>>>

法国警察与英国醉汉

这是一个真实的故事。有一天，一个英国人在法国喝得烂醉如泥。灵敏的法国交警嗅到了酒精的气味，果断拦下英国醉汉的汽车，质问醉汉是不是喝酒了。

这位酩酊大醉的英国人费劲地看着法国交警，点头承认自己一整天都在喝酒。他的女儿今天上午结婚了，作为父亲，他实在太激动了。婚宴上，他先是喝了几杯香槟，接着好几杯红酒下肚，之后又不知道喝了多少杯威士忌。

听到这个英国人居然毫不掩饰自己喝了这么多酒，法国交警震惊了。他第一时间拿出酒精探测器，果不其然，这家伙的酒精浓度已经高得离谱了。

法国交警告知英国醉汉："根据法国法律，因为酒驾，你将被监禁！你不会不知道吧？"

谁知这位英国醉汉不但没有惊慌，还略带笑意地说："我不知道啊，先生。不过，您来来回回问了这么多问题，请问您有没有意识到，这是一辆英国车？司机是我太太……她就坐在我的右手边。"

【思考】

1. 英国醉汉最后说的这句话想表达什么意思？
2. 英国醉汉应不应该被监禁？为什么？
3. 这个故事说明了什么问题？

以上故事其实是由于英法两国交通规则不同而产生的误会。英国交通体系是靠公路左侧行驶，其驾驶员的位置在车右边。除英联邦部分国家外，世界上其他国家的交通体系基本是靠公路右侧行驶，其驾驶员的位置在车左边。所以，法国交警在执法时出现了故事中的一幕。那么问题来了：法国交警的做法对吗？

"我应该怎么做？""怎么做才是对的？"在现实生活中，我们每一个行为举止几乎都在回答这两个问题。任何一个社会都会有约定俗成或明文规定的标准来约束人们的行为，我们将这些标准称为社会规范。

知识补给 >>>>>>>

社会规范

社会规范指的是人们的社会行为的规矩和社会活动的准则。它是人类为了社会共同生活的需要，在社会互动过程中衍生出来，相习成风、约定俗成，或者由人们共同制定并明确施行的。它是文化的重要组成部分，我们把它定义为文化的中间层。

不同的国家有不同的文化，不同文化之间的差别就像中国象棋和国际象棋的区别，如果将中国象棋的规则套用在国际象棋上，那是不可能下好这盘棋的。在跨文化交流中，不同文化背景的人会不自觉地将自己国家的行为规范套用在异国的生活、行事中，这往往产生交际中的误解和障碍。只有深刻认识到不同的文化有不同的行为规范，才有可能提高跨文化理解能力，在陌生的环境中如鱼得水。那么，关于"怎么做才是对的"这个问题的答案是什么呢？

拓展阅读 >>>>>>>>

张先生夫妇从中国来到德国汉堡不久，发现汉堡的商店通常下午6点就打烊了，周末也不对外营业。长期生活在中国城市里的张先生夫妇对此非常费解，买日用品还得在上班时间去商店，日常生活太不方便了。于是，张先生夫妇决定在他们居住的社区开一家24小时便利店。一方面，方便周围的居民；另一方面，夫妻俩相信他们的便利店一定会生意兴隆，因为根本就没有竞争对手！

店面开张后，张先生夫妇非常敬业，每周7天、每天24小时不辞辛劳地轮流值班，一心一意要把生意做好。没想到，这家便利店下午6点以后就鲜有人光顾了。而且，张先生夫妇明显觉得社区里的德国人开始疏远他们，曾经见了面就打招呼的邻居现在竟然用异样的眼光看他们，夫妻俩百思不得其解。过了一段时间，他们竟然收到了司法部门的应诉通知书，社区居民起诉他们的便利店在社区24小时营业，违反了德国的《商店停止营业时间法》。

附：过年多数服务行业歇业 德国立法规定节日商店关门

早在1956年，为了保障商店工作人员有充足的休息时间，德国通过了一部法律——《商店停止营业时间法》，对商店的关门时间作出了明确规定，所以就有了晚上、周末、节假日商店关门的现象。

对商店关门的时间都要通过专门的立法来规定，德国对工人休息权的重视可见一斑。那么，60多年过去了，德国现在的情况是否有变化呢？德国实行的是一周5天工作制，通常情况下周六和周日以及节假日都要休息。按照规定，所有商业机构如银行、商店、洗车行等都要停业休息。只有一些特殊的行业不在此列，如加油站、餐馆等可以在周末以及节假日照常营业。所以德国一到周末以及节假日，街道上就会显得冷冷清清。过去整个周末商店都是停止营业的，现在已经可以在周六开门了，但是周日和节假日一如既往地打烊。根据德国《劳动法》的规定，周日以及节假日上班的员工必须得到双倍的日工资，但是企业不得将支出转嫁给消费者，不能说平时在店里喝一杯啤酒5欧元，节假日就成10欧元了。如果是车子脏了想洗洗，只有两个办法，一是自己动手，二是等过完节再去洗车行洗。德国的洗车服务通常是和加油服务在一起的，但是节假日加油站只能加油，不能提供洗车服务，否则将会因违反相关的法律规定受到追究和处罚。

（摘自中国广播网，http://m.cnr.cn/news/20150217/t20150217-517780274.html，引用日期：2021-05-18。

收入本书时有改动。）

【思考】

1. 你认为《商店停止营业时间法》是否合理？德国为什么制定这部法律？
2. 中国有必要制定类似的法律吗？为什么？

实践探索

《礼记》有这样的记载：入境而问禁，入国而问俗，入门而问讳。

不同文化环境中的社会规范是不同的。学会观察和识别因文化不同而带来的不同的社会规范，对跨文化交流有着重要的意义，对我们的日常生活也有着很重要的启示。设想你马上要去德国交流学习，并且要在德国当地老百姓的接待家庭中生活10个月。你要对住家的主人以爸爸、妈妈相称，要在当地的学校上学，要交许多新朋友，要尽快融入当地社会。那么，你在出发之前应该作哪些准备呢？请你结合本节内容进行思考，并给出具体的准备计划。

第三节 冰山之下

案例思考 >>>>>>>

在极地的海洋上，漂浮着数以万计的冰山（图1-3）。它们千姿百态，雪白耀眼，迎着平静的阳光，犹如一座座汉白玉打造成的玉山，在碧蓝的海水中显得优雅堂皇，令人浮想联翩。

图 1-3　极地冰山

人们被它们纯粹的美震撼着，这就是很多人无限向往却从未亲眼见到过的冰山。很多人误认为冰山是一种巨大的海冰，实际上，冰山是冰层长年不化的高山。它们来自冰川或极地冰盖，当临海的一端破裂时，这些大块的淡水冰就慢慢漂浮到海洋里了。它们大多在南极洲和格陵兰岛周围自由地漂浮着。冰的密度约为 0.9 g/cm³，而海水的密度约为 1 g/cm³，依照著名的阿基米德定律，我们可以知道，这些漂浮在海洋里的冰山约有 90% 的体积沉寂在海水表面之下。因此，人们在看到漂浮在水面上的冰山时，完全不会知道它在水下的形状与高度。我们看到的仅仅是美丽的"冰山一角"。

【思考】

1. 冰山的水面以上部分和水面以下部分是什么关系？

2. 如果没有水面以下部分，你认为冰山的水面以上部分会发生什么样的变化？

知识补给

文化的冰山比喻

文化的冰山比喻把文化看成由两部分组成：显性部分，即浮在水上的可视部分；隐性部分，即藏在水下的不可视部分。从图1-4可以看出，水下隐藏的冰山比浮出水面的要大得多。因此，我们平时观察到的文化表象只是"冰山一角"，真正造成表象形状不同的部分都藏在水下。

图1-4 冰山示意图

核心文化

核心文化是水面以下的冰山，看不见却真实存在，是文化的深层。如同水面以下看不见的冰山决定了水面以上的冰山的体积，看不见的文化价值观构成了文化的核心，指导着人们的看法和行为。不同的社会群体在价值观方面有着明显的差异，不理解价值观的差异就不能理解不同文化之间的根本差异。

价值观

什么是价值观呢？所谓价值观是指人们对物质世界和精神世界

的判断、评价、取向和选择，在深层上表现为人生处世哲学，包括理想信念和人生的目的、意义、使命、态度，而在表层上则表现为对利弊、得失、真假、善恶、美丑、利益等的权衡和取舍。

拓展阅读

紫禁城对话卢浮宫

紫禁城——故宫博物院地处中国首都北京的中心，是中国明、清两代的皇宫。依照中国古代星象学说，紫微垣（即北极星）位于中天，乃天帝所居，天人对应，所以故宫又称紫禁城。卢浮宫位于法国巴黎市中心的塞纳河北岸，始建于1204年，原是法国的王宫，居住过50位法国国王和王后，是法国文艺复兴时期最珍贵的建筑物之一，以收藏丰富的古典绘画和雕刻而闻名于世。两座雄踞于各自国家的首都中心的宫殿——紫禁城与卢浮宫，分别于1925年10月10日与1792年5月22日从皇家宫殿变为普通民众的博物馆。无论是建筑还是藏品，这两座博物馆都是人类艺术瑰宝的集大成者（图1-5和图1-6）。

图 1-5　故宫博物院　　　　图 1-6　卢浮宫博物馆

2011年9月，康熙皇帝朝服像的巨幅海报高高悬挂在了巴黎卢浮宫的外墙之上。在"重扉轻启——明清宫廷生活文物展"展览开幕之际，这位来自古老中国的皇帝凝神静思，他似乎用威严的目光打量着卢浮宫著名的标志——玻璃金字塔，对前来卢浮宫参观的人们形成了巨大的吸引力。"重扉轻启"展开幕当晚，持请柬参观的贵宾的队伍从卢浮宫中一直绵延到门外的中庭广场，这是这座博物馆并不多见的场景。

西方世界从来没有停止过对中国文明的想象，154件来自故宫博物院的皇家文物首次来到昔日的法国王宫之中，将这种遥远的想象变成现实，呈现在所有观众的视线之下。与众多在卢浮宫举办的特别展览不同，"重扉轻启"展并没有将故宫文物囿于某一个展厅之中，而是以紫禁城与卢浮宫的历史文化对比为主轴，将中国文物穿插在卢浮宫的三个重要展区中，以"相映成趣"的方式连接起两个博物馆所代表的东西方文化，同时又将故宫展品"镶嵌"在卢浮宫绵延的展线之上。古老皇朝文物的厚重瑰丽与法兰西文化的轻盈绚烂，形成了神秘的"对话"。

故宫博物院与卢浮宫博物馆在各自发展的历史中有诸多相似之处，这成为"重扉轻启"展得以举办的基础。紫禁城拥有金碧辉煌的古建筑群和180多万件文物藏品；卢浮宫原本是中世纪的要塞，后来成为法国国王的宫殿，在历史上一直是时事的焦点。自查理五世后，特别是弗朗索瓦一世时代，卢浮宫的收藏品逐渐形成规模，现在它拥有30余万件藏品，在6万多平方米的展厅里陈列着从古至今的艺术珍品。两者均建立在古代皇宫的基础上、均坐落在各自国家的首都，成为各自国家历史的象征。同时，作为昔日的皇宫，两者又都转变为博物馆，并在经历了漫长的兴衰后对公众开放。这是紫禁城与卢浮宫的共同命运。

（王岩：《紫禁城对话卢浮宫》，载《北京青年报》，2011-10-27。收入本书时有改动。）

实践探索 ▶▶▶▶▶▶▶

1. 查找相关资料，进一步了解故宫博物院和卢浮宫博物馆珍藏的文物瑰宝。

2. 结合文化的冰山比喻，从故宫博物院和卢浮宫博物馆各选择一件文物进行对比，或通过两个博物馆建筑物的对比，试着分析显性的、看得见的文化现象背后所蕴含的东西方核心文化。

3. 文化的冰山比喻认为，水面以上是看得见的文化，水面以下是看不见的文化。下面列举的文化要素到底属于水面以上还是水面以下呢？请进行分类并说明原因。

食物、音乐、学习方式、语言、文学、领导风格、服装、节日、游戏、国旗、性别角色、肢体语言、宗教信仰、规矩、礼节、沟通方式、竞争、哲学思想。

延伸阅读 ▶▶▶▶▶▶▶

阅读以下文章，请思考意大利家庭、学校、日常生活的"水面以下"隐藏着什么样的价值观。文中的主人公在意大利的成功交流有哪些值得借鉴的地方？

跨文化交流之意大利体验

AFS 国际文化交流项目赴意大利交流学生　徐兆恒

我10个月的意大利生活，可以用"开心"两个字概括。第一次来到一个连语言都不通的国度，困难和挫折一定会不少，但大多是我们事先预料到的，所以事后回忆起来就不足挂齿了。当记忆的闸门轰然开启时，穿过时光隧道，历历在目的是一个充满好奇、渴望冒险的少年漫游意大利的种种开心奇境。

惊 喜

经过10个多小时的飞行，到达罗马已经是晚上9点多了。我们的旅馆坐落在一个小山坡上，大巴停在了一个高坡上，望过去可以看到下面的旅馆。旅馆掩映在一片灯火之中，广场上人头攒动，热闹非凡。

我们拖着大包小包的行李，先去一个大厅里签到。所谓签到，就是每个人领取一个印有名字、国家和房间号的小名牌挂在胸前，同时要给所有的行李贴上标签，然后把行李统统放在大厅里。

我刚刚戴上名牌，还没有步入行李室，就看到一个金发的志愿者像在急切地寻找什么，挨个查看同学们胸前的名牌。当看到我时，她突然兴奋地冲后面的志愿者大喊一声："E lui（是他）！"其他的志愿者都向我跑来，这给了我一个巨大的惊喜。然后，她又继续说："Lui è il fratello di Luca！（他是卢卡的弟弟！）"我突然明白了，因为我的罗马家庭的哥哥是志愿者，所以今天所有的志愿者都会寻找我！10个月，我哥哥在我心目中的形象就一直这样熠熠生辉！

旅馆四周都竖着大幅的、各式各样的不同国家的国旗，我们像到了联合国。在旅馆前台的大台阶上，铺着一面巨大的巴拉圭国旗，中间一个小哥哥抱着吉他，巴拉圭的学生围在一起欢快地唱着歌、跳着舞。据说，第一天你遇到的人尤为重要，因为可能在一瞬间，你会碰到陪伴你这段交流岁月的朋友。我当时看了那个弹吉他的男孩好几眼，后来就是他经常陪伴在我的左右，直到交流活动结束，我们在机场分别。在这里说一声："Grazie！（谢谢！）"在广场上，我们还看到许多其他国家的学生弹着吉他，热情奔放地围在一起跳着各自的民族舞蹈。土耳其的一些男生一直在广场中间跳舞，还拉着围观的人一起跳，真是欢喜得不得了！

一见如故

第二天，从早上6点起，一些接待家庭在意大利其他地区的同学就陆陆续续地坐大巴走了。我们都为自己的未来感到无比兴奋和紧张。到了中午,我们这些接待家庭在罗马及周边地区的同学被聚集到一起,等待着自己的接待家庭来旅馆接我们。我们被带到一个大阶梯教室里,这个教室一半空着,一半坐满了接待家庭的人。我被特意安排和志愿者坐到一起。我顺着阶梯从下往上望去,凭着直觉,3秒钟就找到了自己的接待家庭。我兴奋地拼命招手,他们也看到了我,向我招手。这个瞬间,我感觉我的心已经和他们在一起了。志愿者先念接待家庭的名字,然后念学生的名字。我一直注视着我的接待家庭,所以我几乎和我的接待家庭同时站起来。全场都为我们的默契惊呼!我冲到阶梯上面去和我的接待家庭的人拥抱,这一刹那,我的感情已经完完全全和他们融合在一起了。

那天,我爸爸和哥哥都穿了比较正式的衬衫。我现在还记得,走的时候,我的两个朋友对我说:"你的接待家庭颜值好高啊!"我心里那叫一个自豪!

回家的路上,收音机里放的音乐是《无法阻挡的爱》(*I can't tell my face*),我很自然地就跟着唱了起来,家人都超级惊讶。爸爸把音量调到最大,我就一直唱,开心地唱。下午到了家,全家给我介绍了家里的情况以及换洗衣服之类的事情。我什么都没问,家里人就把我本来要问的问题全交代清楚了。

家 人

刚开始我觉得,哥哥一定是一个男神形象,但是后来才发觉,他就像一个邻家大男孩。他出去穿戴整齐,回家后立马脱光所有衣服,穿上松松垮垮的小短裤,蜷缩在床上玩手机。哥哥吃饱后,挺着个小肚子,往门框上一靠,低头玩手机,那神态和国内的学生没什么区别。但是,哥哥做起事来特别认真。哥哥是个大学生,平时看着不怎么认真学习,但是考试前一用功,分数就很高,常常是前几名。正式

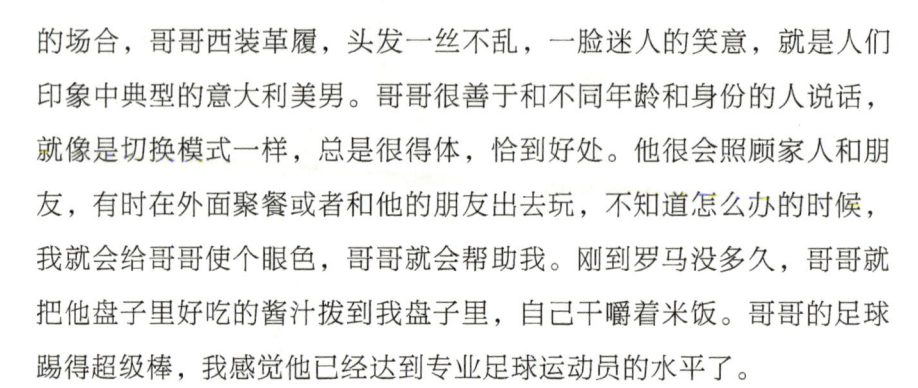

的场合，哥哥西装革履，头发一丝不乱，一脸迷人的笑意，就是人们印象中典型的意大利美男。哥哥很善于和不同年龄和身份的人说话，就像是切换模式一样，总是很得体，恰到好处。他很会照顾家人和朋友，有时在外面聚餐或者和他的朋友出去玩，不知道怎么办的时候，我就会给哥哥使个眼色，哥哥就会帮助我。刚到罗马没多久，哥哥就把他盘子里好吃的酱汁拨到我盘子里，自己干嚼着米饭。哥哥的足球踢得超级棒，我感觉他已经达到专业足球运动员的水平了。

我们家在礼节方面要求非常严格。吃饭时，身体一定要坐直，嚼东西不能张着嘴巴、不能发出声音。在北京时，我就很喜欢吃比萨饼和意大利面，使用刀叉很熟练，所以适应起来一点问题都没有，就连挑剔的姥姥都夸我，说我动作完美。姥爷曾经是一个很有影响力的军人。我第一次和姥爷握手的时候，姥爷就郑重地告诫我："男人握手一定要有力！"姥爷一遍一遍地教我握手，直到我足以和他"较劲"为止。以后我们每次见面，我都"坚实有力"地和姥爷握手，姥爷很满意地夸赞我。

我意大利的爸爸和妈妈结婚27年了，我有一张他们年轻时的照片，感觉他们一点都没变。我在北京收到接待家庭的信息时，我妈妈看了一眼表格中我意大利的妈妈的照片，兴奋地跟我说："你意大利的妈妈一定是一个好妈妈，你没发现她的眼神很像妈妈吗？"确实是，我意大利的妈妈性情很随和、活泼，眼神里透着善良，柔和的目光让我一下子就感觉很亲近，没有一点隔阂。

妈妈很时尚，哥哥听到什么好歌，会立即介绍给妈妈，妈妈马上就会找来听。记得哥哥有一次跟妈妈说Coldplay这个乐队的歌不错，妈妈在家里做饭或收拾房间时，平板电脑里就一直播放着Coldplay的歌，都听了3天了还在听，连我和哥哥都觉得妈妈该换换了。妈妈在家里经常叫我"bello di casa（家里的帅哥）"，还经常夸我、鼓励我。妈妈经常和同事们讲我在家里的一些趣事，说我这好那好的，说特别喜欢我。我去妈妈公司的时候，她所有的同事都认识我，对我已经很熟悉了。意大利语的语法特别复杂，连大人说话都会犯一些语法错误，妈妈的语法简直是精确无比，无论什么样的语法争论到了妈妈这里都可以终结了。我感觉，妈妈上学的时候一定是一个大学霸。妈妈上班穿得很精致优雅，身上飘着一股淡淡的香。有时，我一进电梯，就知道妈妈刚乘过。

在意大利，给我感触最深的是爸爸。爸爸有时很会搞笑，而他又是一个很严肃的人。爸爸平时可以把脚放在桌子上开着玩笑，但是谈起正经事立马变成一副十分严肃认真的样子。爸爸很喜欢船，我们家就有一艘游艇，船帆和绳子全是爸爸手工制作的。爸爸非常喜欢看电影，回家把脚往桌子上一放，开始一部电影接着一部电影地看。爸爸对足球和音乐剧的热爱深深地影响了我。

爸爸特别喜欢音乐剧。他和他的朋友都是50多岁的中年人，历时3年，把著名音乐剧*Mamamia*（《妈妈咪呀！》）改编成了意大利语版本，并且重新谱写了里面的歌词。每个周末，爸爸和朋友们兴致勃勃、辛辛苦苦地排练。6月底，在一个小剧场里，他们邀请了所有的家人、亲戚和朋友一同观看他们为之努力了3年的音乐剧。看着他们一帮中年人在台上又唱又跳、欢快无比的样子，我感受到了意大利人的活力以及他们对艺术和多姿多彩的生活的追求和热爱。

学　校

我的学校离斗兽场非常近，只有50米左右，在校门口就可以看到斗兽场的全景。因为天天看斗兽场，所以我对它失去了兴趣。在意大利时，我去了很多地方，就是没有进过斗兽场。

我上的是一所很有名的理科学校，被安排在三年级。上学第一天，我站在讲台上做了自我介绍，下课就被同学们围了个水泄不通。上完3节课之后的大课间，同学们把我拥到操场上，向我介绍他们的好朋友。第一天我就认识了半个学校的人。我们班有24名同学,只有7个男生。我在学校生活的前几个月近乎完美,因为前几个月不计分数,大家根本不怎么学习。我来的第一个月就被邀请参加各种派对,一直在和同学们培养感情。

两个多月的时候,学校举行篮球比赛。各年级喜欢篮球的同学自由组队,我被邀请参加我们年级的篮球队。几场比赛下来,我在学校变得更加有名了,大家都知道我篮球打得不错,我认识了各种类型的朋友。课间,我一出现在操场上,迎面就传来很多热情打招呼的声音,班里班外我交了一堆朋友。

在意大利的学校,我感触最深的是老师和学生之间平等和互相尊重的关系。老师和学生之间的沟通可以说是"零压力",老师会说说自己的笑话,学生会笑呵呵地打趣老师几句。另一个感触比较深的是,老师会看到你的努力并给予奖励。例如,班里有的同学考试没有过关,老师会再给他们一次机会。虽然考得还是不怎么好,但是老师看到他们确实努力了,就会给他们稍微提高一下分数。再如,我有时并没有达到合格的标准,但老师知道我努力了,就会给我提高分数,并且学校针对我的实际情况作了一些调整。前3个月,我的意大利语学习的确有进步,但有些课还是达不到全部听懂的水准。意大利语课要学习但丁的文章,这对我而言简直和听天书一般。另外,学校还开设了两门晦涩难懂的课程——哲学和拉丁语,我彻底放弃了。于是学校给我作了调整:我不需要学习哲学和拉丁语,意大利语转到二年级上。有一次,历史课正好讲到佛罗伦萨。老师说:"谁可以唱《佛罗伦萨》这首歌,当着全班唱,给8分!"我当时想:何乐而不为呢?于是,我回家不断地练习。两天后,我站在讲台上给全班同学演唱了这首歌。老师感动地对我说:"每年我都会给所教班级这么一次机会,你是完成得最好的!"当场给了我8.5分。

节　日

　　圣诞节是意大利相当重要的一个节日，家里一个月前就开始准备了。可是，姐姐突然生病使我的第一个圣诞节变得与众不同。

　　圣诞节前的两周，姐姐就有点生病了，后来又因为一些事情，患上了极为严重的头痛。在圣诞节前的一周，姐姐住进了医院。沉重的打击让姐姐天天以泪洗面，心情十分抑郁。这是我们家最黯淡的一段时光，家里天天充满着愁绪。圣诞节的气氛因姐姐的病变得有些沉闷，爸爸、妈妈天天为姐姐找药，还要为姐姐疏导心理，全家人的心情都罩上了一层"雾霾"。终于有一天，爸爸、妈妈和哥哥把我叫到饭桌前，严肃地问我："你想不想换家庭？"并且告诉我："我们非常高兴可以和你在一起生活，我们怕你的意大利生活被姐姐的病所困扰，不希望你的意大利生活留有遗憾。"哥哥在旁边有点紧张地说："我觉得你没问题，但还是你说了算。"我立马愣住了，因为我压根就没有想过换家庭，我毫不犹豫地拒绝了。妈妈眼睛里透着一丝轻松和感谢。于是，圣诞节那天，我们全家带着饭菜来到了医院，坐在姐姐床边交换着礼物。看着姐姐变得越来越好，我觉得家人的付出都是值得的。圣诞节过后，姐姐的身体恢复得很快，我和家人的关系尤其是和姐姐的关系更加亲密无间了，而且，我惊喜地感觉到我的意大利语有了质的飞跃。

　　圣诞节过后，我的意大利语课改到二年级上，学校还专门安排了一个意大利语老师对我进行一对一辅导，我感觉我的意大利语提升得飞快。由于换班，我的交往圈迅速扩大，认识了很多好朋友。圣诞节过后，AFS国际文化交流项目中交流时间为三个月的小伙伴陆陆续续地走了，我们感受到了分别的伤感。

足　球

　　记得4月的一天是罗马人最紧张的一天，因为那天是罗马队和拉齐奥队的同城德比。我们全家都支持罗马队，这潜移默化地让我也超级热爱罗马队。爸爸送我的第一个礼物就是有罗马队队标的钥匙串。那天上午，爸爸出门上班，在门口大喊了一声"DAJE ROMA（罗马必胜）"，直接吵醒了我和哥哥。哥哥在他自己的房间里也大吼了一声"DAJE（必胜）"，表示回应。

中午，我放学回家，发现哥哥像小孩子一样蜷缩在床头，抱着布鲁托的毛绒玩具，拿着手机，瑟瑟发抖。我吓了一跳，以为哥哥生病了。哥哥慢慢抬起头，用空洞的眼神看着我说："我太紧张了！"比赛是下午3点，当时已经2点了，我立即把哥哥拉起来，准备去咖啡厅看球。哥哥有一个习惯，每次罗马队比赛之前，都会刮胡子。那天，哥哥刮胡子尤其认真，我已经兴奋得坐不住了，他才从卫生间出来。他看着我激动的劲头，莫名其妙地摇了摇头，紧张而忧虑地对我说："今天就是战争，没有人会对战争兴奋。"在去咖啡厅的路上，整条街道上空无一人，连辆公交车都没有。到了我们经常去的咖啡厅，哥哥一反常态，没有和服务生耍贫嘴，而是抱着头趴在桌子上。

比赛开始了，哥哥沉默得跟没有呼吸一样。第20分钟左右，罗马队有一次点球的机会，哥哥一只手拉着我的衣领，另一只手捂住了眼睛，对我说："我真的不敢看。"球稳稳地进入了球门，整个咖啡厅都沸腾了，哥哥仿佛疯了一样拉着我的衣领狂跳！咖啡厅外面，欢呼声和车鸣笛声不绝于耳。这时整个咖啡厅的气氛都变了，大家像打了鸡血一样，为了一个进球热烈地争执和开着玩笑，紧张压抑的气氛不见了。到了下半场，罗马全队好像听到了我们的鼓励一样，又顺利打进一球，这一次进球基本锁定了胜局，所有人的神经都放松了。最后，罗马队以2比1获得胜利。街道上的车重新回归了，老爷爷老奶奶们开始去咖啡厅聊天了。在回家的路上，我们经过一个拉齐奥队的酒吧，里面的人神情沮丧。哥哥对我示意"不要说话"，并且告诉我装出很伤心的样子。我们就这么小心翼翼、安安全全地从一群拉齐奥队球迷中间穿过。刚拐过街角，哥哥就仰天大笑，兴高采烈地对我说："看看那帮失败者，真是可悲！"哥哥兴奋得连蹦带跳，欢乐得像兔子一样。

生　日

生活丰富多彩，不知不觉到了复活节。这一年的复活节对我来说有特殊的意义，因为复活节的第二天就是我的生日。复活节当天，我们全家去海边吃了顿丰盛的海鲜大餐，然后爸爸、哥哥和我3个人一起去了码头。

上了船，爸爸准备试一试他亲手测量和制作的帆套。我们3个人把帆套摊在船上，准备套到巨大的帆上。然而，帆套拉链拉到一半卡住了，脱都脱不下来，于是我们3个人开始轮换着拼命扯帆套。这时候，爸爸的船友拉着他的儿子向我们走来，对我们"不怀好意"地说："我是在岸上站着笑呢，还是帮帮你们呢？"结果他的儿子说了一声："我想看着！"于是，在两个观众幸灾乐祸的注视下，我们继续不屈不挠地和帆套作着斗争。然而，帆套仍然纹丝不动。正在我们愁眉不展之时，说时迟那时快，哥哥脚底一滑，开始往下掉。我和爸爸见势不妙，把哥哥从空中奋力拉了回来，还好，哥哥只是去海里洗了洗鞋。通过这次教训，我们学乖了，都脱了鞋，把手机扔进船舱里。后来，爸爸的船友实在看不下去了，过来帮忙。我们几个人轮番上阵，鼓捣了好几个小时才把帆套全摘下来，把帆收上去。

第二天一大早，我在爸爸和哥哥欢快的"生日快乐"的大声祝福中醒来。下午，我们回到家，全家幸福地吃着妈妈和姐姐特地熬夜为我做的蛋糕和烤全羊，我还即兴说了一段生日致辞，惹得全家哈哈大笑。生日就这么无比欢乐地度过了。

学　霸

来意大利之前，我听说意大利的学校生活都很轻松，学生不需要多么刻苦地学习。其实，我们班的同学平时很会玩，但考试之前都特别认真地学习。

我姐姐就是一个大学霸。姐姐在大学里学的是医学，平时的课业就够繁重的了，考试更是出人意料——一天考6科。姐姐属于学习特别勤奋的人。意大利大学满分是30分，姐姐基本没有低于28分的，很多次是满分。姐姐对学习从来没有放松过，经常是从早上起床一直学到晚上，她很认真地对我说，她喜欢学习。姐姐并不是只会学习，她在很多方面都很优秀。例如，她很擅长做提拉米苏之类的蛋糕，每次我都觉得已经非常好吃了，但她自己尝完以后总会挑出一些毛病，对自己要求很苛刻。我感觉，姐姐以后一定会成为一名著名的医生。

我的同班同学中也有一个学霸，他对任何事情都特别认真。圣诞节的时候，历史老师让我们阅读400多页的书。我们全班只有他一个人全部看完了，还记了30多页的笔记，把历史老师都惊呆了，直接给了他8.5分。他不光学习好，还是一个肌肉猛男。他闲暇时间喜欢练肌肉，胳膊上的肌肉鼓得像小山一样。他还喜欢对自己的肌肉毫不掩饰地炫耀，每次数学老师叫他在黑板上解题，他都会故意把袖口拉上去，露出结实的肱二头肌。

离　别

转眼之间，时光飞转到意大利之旅的最后一天，所有人又回到了刚到意大利时的那个旅馆。不同的是，这次相聚是和这片热情的土地告别。

凌晨3点，第一批大巴就缓缓地行驶了进来。顿时，那些即将离开的同学开始痛哭流涕。我们所有人站在最左边，一起为要走的伙伴送行。每隔半小时，都会有一个伙伴离开，我们每次都会跑出来送行。早上六七点钟，与我关系最好的两个伙伴即将离去。我再也忍不住了，泪水夺眶而出，我们一起所经历的一幕幕在我脑海中闪过。

当初，我们是最后一批到达的同学，现在，我们又是最后一批离开的同学，我们目睹了所有伙伴的离去。在机场，过完安检，我和来自巴拉圭的小哥哥不得不分离了。这次分离，不知道能不能再相见……最后一次握手，最后一次拥抱，给我的意大利之旅画上了句号。

在意大利的10个月，我经历了很多，体验到了从未体验过的种种情感，感受到了难以割舍的友情和亲情。这是精彩、开心的一段时光。

第二章
识别文化的维度

导 读

　　每个人都有自己内在的思维、情感和潜在的行为模式，这是他/她在生活、成长的社会环境中逐渐习得的，而且绝大部分是在幼年时期学到的，因为人们年幼时最容易进行学习和吸收。一个人一旦在其内心世界确立了一定的思维、情感和行为模式，若再学别的不同模式，就得抛弃原来的模式，而这要比第一次学习困难得多。这种潜在的思维、情感和行为模式往往具有一定的规律，也就是说，在某种特定的环境中，绝大多数人的行为举止是一样的。

　　世界各国人民如何理解人们在思维、情感和行为模式方面存在的差异？人们的思想千变万化，但这种变化是否有其一定的结构，可以作为人与人之间相互理解的基础？本章借助荷兰学者吉尔特·霍夫斯泰德（Geert Hofstede）[①]提出的文化维度理论（cultural dimensions theory），通过对典型文化现象和案例的分析，展示不同文化维度下的文化表达方式，引导同学们学会分析不同的文化维度，建立理解不同文化的基本理论框架。

---

　　① 又译戈尔特·霍夫斯坦德。

第一节　文化可以测量吗

> **案例思考** ▶▶▶▶▶▶▶

请仔细观察图2-1至图2-4，你能发现每组图有哪些不同吗？

第一组：信用卡与存折（图2-1）。

图 2-1　信用卡与存折

第二组：广场舞与健身房（图2-2）。

图 2-2　广场舞与健身房

第三组：中式菜谱鱼香肉丝与西式菜谱菠菜配牛排（图2-3）。

鱼香肉丝菜谱

1. 准备材料

猪里脊肉300克，绿尖椒1根，胡萝卜1/4根，冬笋1/2根，黑木耳6朵，葱、姜、蒜、泡辣椒适量。

2. 做法

（1）猪里脊肉切细丝，加腌肉调料腌制十几分钟。

（2）绿尖椒、胡萝卜、冬笋分别切细丝备用，黑木耳泡软、洗净、切细丝备用。

（3）调好鱼香汁备用，葱、姜、蒜、泡辣椒切末备用。

（4）锅中放足量油，油六七成热时放入肉丝，大火快速滑散至变白，盛出备用。

（5）锅中放少许油，放入葱、姜、蒜末炒香，放入泡辣椒末炒出红油。
（6）放入胡萝卜、冬笋、黑木耳丝翻炒2分钟，放入绿尖椒丝翻炒均匀。
（7）放入炒好的肉丝迅速翻炒均匀。
（8）倒入鱼香汁快速翻炒均匀即可。

菠菜配牛排菜谱

1. 准备材料

黄油75克，牛排450克，新鲜菠菜240克。

2. 做法

（1）2.5厘米厚的牛排，烤箱温度200摄氏度，烤6分钟。
（2）将牛排从烤箱中取出，煎锅温度200摄氏度，加黄油煎30秒。
（3）菠菜加黄油煎至干瘪。
（4）根据个人口味，给黄油和菠菜加盐、黑胡椒。
（5）将菠菜铺在牛排底下，装盘食用。

图 2-3　中式菜谱鱼香肉丝与西式菜谱菠菜配牛排

第四组：中餐与西餐（图2-4）。

图 2-4　中餐与西餐

【思考】

1. 请根据你的理解，用几个关键词分析每组图中的两个场景或事物有何不同，写在下面的横线处。

第一组：信用卡	存折
第二组：广场舞	健身房
第三组：中式菜谱鱼香肉丝	西式菜谱菠菜配牛排
第四组：中餐	西餐

2. 运用第一章所学的相关知识分析以上图片，你认为体现了什么样的文化价值观？

知识补给

20世纪70年代，霍夫斯泰德带领研究团队进行了一项大规模文化价值观调查，由此了解被调查者的差异，并将研究结果发表在《文化的影响力》一书中。基于回收的答案，霍夫斯泰德分析总结出了区分文化的6个维度，分别是：

（1）个人主义/集体主义（Individualism/Collectivism）。

（2）男性化/女性化（Masculinity/Femininity）。

（3）高/低权力距离（High/Low Power Distance）。

（4）高/低不确定性规避（High/Low Uncertainty Avoidance）。

（5）长期/短期取向（Long Term/Short Term Orientation）。

（6）放纵/约束（Indulgence/Restraint）。

有些同学会问，文化只有这6个维度吗？用这6把尺子是否可以测量全世界所有的文化现象呢？文化的维度当然不止这些，但是我们可以通过以上维度了解不同的文化，它们对于提升我们包容其他文化的同情心、同理心有着非常重要的作用。

文化维度之个人主义与集体主义

个人主义与集体主义是跨文化研究中常见的文化差异解释方法。个人主义文化即以个人为中心的文化，强调个人利益高于集体利益、个人权利比集体责任重要、个人需要高于集体需要。与之相反，以集体为中心的集体主义文化强调"我们"的概念而不是"我"的概念，集体责任重于个人权利、集体需要高于个人需要。政治、经济、地理、教育、大众传媒的影响，都是发展个人主义或集体主义文化的潜在因素。霍夫斯泰德的研究发现，持个人主义文化取向的国家有美国、澳大利亚、英国、加拿大、新西兰、荷兰等，以集体主义文化为特征的国家有印度尼西亚、委内瑞拉、巴拿马、危地马拉。霍夫斯泰德主持的调研还发现，日本、朝鲜、墨西哥等国的文化皆显现出以集体主义为中心的特点。

本节重点介绍个人主义与集体主义的文化维度理论。通过案例分析，学习使用测量文化的尺子，分析不同的文化现象，解决由于文化差异带来的问题，以便在未来纷繁复杂的国际环境中习得、感知和融入缤纷多彩的异域文化，同时体会中国文化的博大精深。

拓展阅读 >>>>>>>>

2020年，新型冠状病毒肺炎（简称新冠肺炎）疫情席卷全球。我国政府把人民群众的生命安全和身体健康放在第一位，制定周密方案，组织各方力量开展防控，采取切实有效的措施，遏制了疫情在国内蔓延的势头。

疫情暴发之初，参加AFS国际文化交流项目的很多中学生正在世界各国交流，经历了所在国家疫情应对情况，看到了他们表现出的不同态度和采取的不同方法。赴芬兰交流的陈赖知幸同学、赴美国交流的李诺同学、赴日本交流的崔舒翱同学带来了她们的观察和思考。

亲历疫情

在中芬两国应对疫情的差异方面，我感触很深的一点是：我们中国人更看重整个国家的集体利益。老百姓对政府十分信任，相信政府能够控制住疫情，相信自己的付出能够得到回报，觉得自己待在家里也可以为国家、为社会作贡献。湖北省特别是武汉市的人民为控制疫情付出很多，作出了很大的贡献。一方有难八方支援，武汉作为新冠肺炎疫情在国内最先暴发的地方，得到了全国人民的帮助，他们很快控制了疫情的蔓延。我回国后在上海隔离，无论是机场的工作人员还是隔离酒店的工作人员都特别尽职，对每一个人去过哪里、其间的经历和身体状况都做了详细记录，没有任何疏漏，让我觉得很放心。大家是将集体利益摆在个人利益之前，朝着共同方向去努力的。而在芬兰，我所居住的小镇上，部分人"上街外出，不戴口罩"。

——AFS国际文化交流项目赴芬兰交流学生　陈赖知幸

在美国，各地政府对当地疫情发展的干预程度不同，导致各个州、各个城市的情况有很大不同。人与人之间想法和态度的差异很大。

——AFS国际文化交流项目赴美国交流学生　李诺

日本的文化跟我国的文化有一些相近之处，可能是因为同为亚洲国家，我没有体会到较大的文化差异，但是我觉得日本人的自律性非常值得肯定。在流感季，日本人有戴口罩的习惯。2020年年初，日本出现疫情，口罩供不应求。即使在没有监管的情况下，日本人也会去药店排队买口罩和消毒用品，并且考虑到口罩供应很紧张，很多人自觉地每次定量、少量购买。在疫情初期，日本的疫情控制得相对比较好。

——AFS国际文化交流项目赴日本交流学生　崔舒翱

2020年是不平凡的一年，疫情期间在海外交流的学生经历了很多的事情。在芬兰亲历疫情的陈赖知幸同学还有一段小感悟要和大家分享，让我们一起阅读她的小感悟并谈谈你的感受吧。

多角度思考

跨文化交流，特别是疫情期间的跨文化交流，对我看待问题的

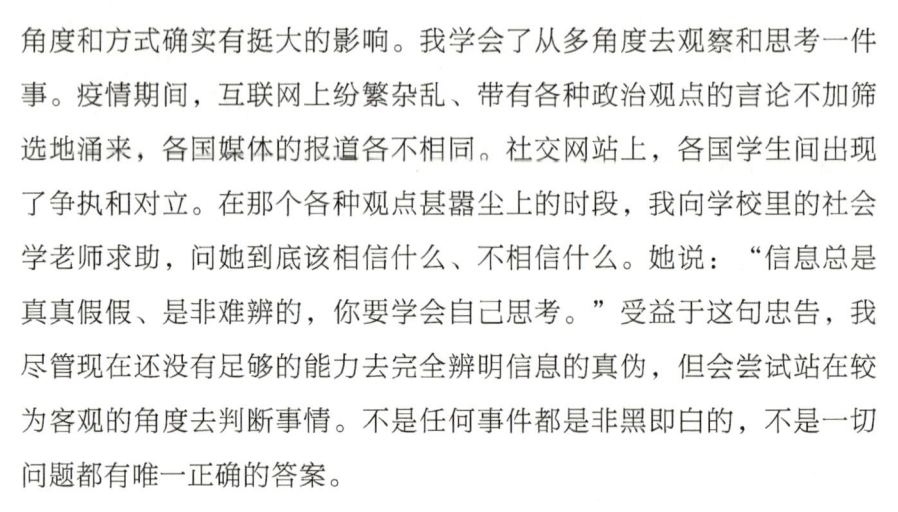

角度和方式确实有挺大的影响。我学会了从多角度去观察和思考一件事。疫情期间，互联网上纷繁杂乱、带有各种政治观点的言论不加筛选地涌来，各国媒体的报道各不相同。社交网站上，各国学生间出现了争执和对立。在那个各种观点甚嚣尘上的时段，我向学校里的社会学老师求助，问她到底该相信什么、不相信什么。她说："信息总是真真假假、是非难辨的，你要学会自己思考。"受益于这句忠告，我尽管现在还没有足够的能力去完全辨明信息的真伪，但会尝试站在较为客观的角度去判断事情。不是任何事件都是非黑即白的，不是一切问题都有唯一正确的答案。

——AFS国际文化交流项目赴芬兰交流学生　陈赖知幸

第二节　球该传给谁

案例思考 >>>>>>>

希丁克的故事

在2002年足球世界杯中，韩国队打入四强，震惊世界。韩国队的球员成了国家英雄，韩国队的荷兰籍主教练希丁克（Guus Hiddink）也成为韩国人的偶像。韩国总统金大中为希丁克授予了蓝龙奖章，这是韩国为体育界人士颁发的最高级别的奖章。

一开始，希丁克的执教方法受到韩国媒体的抨击，各种媒体充斥着对希丁克的用人、排兵布阵、训练方案的不满。事后证明，希丁克是世界一流的足球教练，也是世界一流的跨文化领导者。希丁克在韩国执教9个月后发现，在射门前最关键的传球中，即使年轻的球员站在比较好的射门位置，传球的球员也会把球传给年长的球员去射门。希丁克找出以前比赛的录像，发现了同样的问题。

[黄伟东：《两个韩国故事的跨文化启示》，载《企业研究—财智》，2003（11）。收入本书时有改动。]

【思考】

1. 韩国球员在球场上临门一脚时有什么表现？为什么？
2. 如果你是希丁克，你会怎么做呢？
3. 如果把球员在球场上的表现视为一种文化现象，你认为韩国球员表现了什么样的文化？

知识补给 >>>>>>>

权力距离

权力距离是另一种区别不同价值观的重要文化维度。在权力距离大的文化中，辈分、年龄、知识等都成为构成等级关系的因素。

从韩国球员踢球的表现可以发现，韩国社会崇尚长幼有序，以年龄定尊卑。韩国球员在踢球过程中并没有意识到这个问题，而作为荷兰人的希丁克在观察中发现了这个问题，并根据足球运动的特征及时作出调整。希丁克表示，东西方的文化有很多不同之处，他并不想故意去破坏它，只是希望将西方的一些文化传递给球员们，让一切朝着有利于球队的方向发展。有时，他甚至得教他们国际比赛中的游戏规则。

足球运动是一项竞技运动，韩国球员却在球场上不自觉地将足球传给"长者"而不是占据有利位置者，这其实是文化传承占据主导地位的表现。长幼有序的传统涉及权力分配的文化维度。

了解了权力距离，让我们来看看希丁克是怎么做的。

他首先把团队中5名27岁以上的队员找来，让他们"授权"给年轻的队友。年长的5名队员一致同意：在射门前，年轻的队员"有权"把球传给其他处于比较有利于射门的位置的年轻的队员。在平时的训练中，他还让队员戴上帽子和头巾，减弱他们辨别年龄的能力，从而提高传球效率。此外，他还让年轻的队员直呼年长队员的名字，提高队员之间的"平等"性。他关注了文化因素对球员的影响，有针对性地进行训练，终于带领球队打入了世界杯的四强。

拓展阅读

小李的困惑

你是否参加过学校的球队或其他集体活动？在校队或其他集体活动中，通常由谁来决定大家的位置和角色呢？请认真阅读以下故事，并以小组为单位进行讨论。

小李在美国高中进行跨文化交流时，参加了学校的足球队。有一次足球队进行分组训练，每组有一名队长，他所在的组的队长是一个美国人。小李非常希望能够融入球队，尽快和队员打成一片。于是，他积极地问队长，他应该踢什么位置。没想到，队长回了一句"It depends on you, I don't mind.（这取决于你，我不介意。）"

小李听到后，认为队长完全不尊重他，因为他觉得这句话背后的意思就是"这是你的事，我无所谓"。是不是队长觉得他的球踢得不好，对他有什么意见或者不喜欢他，才这么说？

这件事情使小李郁闷了很久。后来他和美国接待家庭的妈妈说起这件事，没想到接待家庭妈妈的理解和小李完全不一样，她问小李："你踢什么位置为什么要由别人决定呢？"

同学，你能否用我们前面学过的文化维度对小李的遭遇进行分析呢？如果你是小李，你会怎么反应呢？

实践探索 >>>>>>>

来自意大利的莫里尼先生和来自瑞士的本内特先生在北京出差期间，非常喜欢搭乘地铁，感受轨道交通的便捷。但是，有一件事情让两位先生非常困惑：在地铁里总是有人给他们让座。这让他们感到尴尬。难道因为自己是外国人，中国人习惯给外国人让座吗？还是有其他原因呢？后来，两位先生就此事专门询问他们在北京的合作方。合作方听到此事后，会心地笑了。因为两位先生都已经超过65岁，而且都是银色的头发，在中国很符合"被让座"的标准。在合作方解释后，两位先生更加郁闷了，他们俩决定下次来中国之前一定要把头发染成黑色的。

【思考】

你怎样看待让座背后的文化？请你从文化角度对中国人让座的现象和西方人不愿"被让座"的现象进行解释，分享给你的同学。

第三节　德式文明

> **案例思考** >>>>>>>

你养过宠物吗？你知道在我们国家养宠物有什么规定吗？下面先来看一下德国人养狗的规定。

养狗户：主人需要资格审查，狗狗还要"毕业证"

案例一：我想养只狗

在德国养狗，狗主人先得经过政府部门的资格审查。

这个资格审查在中国人看来真是太复杂了，你得申报自己的养狗动机，还得告知有没有相关经验。更重要的是，你还得申报自己的房子大小、有没有花园，因为家居空间是否充裕直接关乎狗狗的生活是否幸福。你的收入状况也是必答选项，因为养狗需要钱，让狗狗生活得安逸需要更多的钱。如果你自己的肚子都没填饱，德国政府是不会允许你养狗的。

如果资格都符合，你还得签署动物保护协会追踪及审查的相关法律文件。换言之，你得随时接受动物保护协会的检查。为狗狗买保险也是必需的，定期检查同样是一笔固定费用。

案例二：狗狗要喝水

除了宠物店门口，德国人还贴心地给狗狗准备了许多喝水的地方，如公园。我第一次发现这事儿，是在什未林的临湖公园里。走着走着就见到了两个圆形的石头水槽，二者中间有个带水龙头的石墩，两个水龙头分别对着两个水槽。起初我以为是让人洗手用的，后来才发现两个狗主人牵着狗狗过来，让狗狗喝水。

最贴心的是，这两个水槽一高一低，相应的水龙头也一高一低，狗狗可以根据自身体形大小享受适合的水槽，小个子不怕够不着，大个子不用过度低头。这狗狗的日子，过得可真是惬意。

案例三：狗狗的"毕业证"

当然，也别以为德国狗狗就能养尊处优，做一只德国狗狗也不太容易。它们必须上学，经过课程培训，懂得服从主人，懂得该如何吃喝拉撒、不吵闹喧哗、对外界噪声不过度敏感，还包括辨认红绿灯等日常标志等。这个课程，狗狗要和主人一起参与，为期3个月。

只有拿到"毕业证"的狗狗，才有资格乘坐公交车、进入百货公司、入住酒店——当然，涉及后两者时必须遵守相关商家的规则。有些百货公司和超市谢绝宠物进入，会在门口做标记。酒店和旅馆同样如此，在网上订房页面就能见到是否允许携宠物入住的提示。

（叶克飞：《德国的细节》，江苏凤凰文艺出版社，2019。
收入本书时有改动。）

【思考】

1. 对德国人关于养狗的严格规定，你是怎么看待的？请提出你的观点并阐明为什么。

2. 你认为德国人为什么会制定严格的养狗规定？其主要的目的是什么？

3. 如果让你来制定养狗规定，你会从哪些方面考虑，并通过什么样的规定来避免有可能出现的问题？

知识补给 >>>>>>>

以上案例讲述了德国人对于养狗的严格规定，非常典型地体现了霍夫斯泰德提出的"高不确定性规避"的文化维度。不确定性规避是指组织或群体面对不确定性时所感受到的威胁以及试图通过制定规则和其他手段来避免不确定性的程度。在任何一个社会中，人们对于不确定的、含糊的、前途未卜的情境，都会感到一种威胁，从而总是试图加以防止。防止的方法很多，如制定相应的法律法规、试图把握情境中各种事物之间的关系，了解整个情境的结构，进而使事物可预测、事物间的关系清楚。在高不确定性规避的国家中，法律越制定越多、法律条文越制定越细，而低不确定性规避的国家则不是这样。例如：德国甚至制定了当所有法律条款都不能执行时的法律，而英国甚至都没有成文的宪法。这种文化维度的形成和一个国家或民族的地理环境、历史影响、文化传统是分不开的。

（［荷］G.霍夫斯坦德：《跨越合作的障碍：多元文化与管理》，科学出版社，1996。收入本书时有改动。）

拓展阅读 >>>>>>>

美妙的世界（节选）
AFS国际文化交流项目赴德国交流学生　梁天明

当我第一脚踏上德国的土地，我就感觉到了这个国家清新的空气。即使是在机场，空气也不污浊；9月的气候一点也不潮湿，干燥而凉爽。这是美好而舒适的第一印象。

和一群来自世界各国的AFS国际文化交流项目交流生一起在法兰克福的青年旅馆住了一夜后，我们又上路了，目的地各不相同。我的目的地是鲁尔工业区的一个小镇。大家都很兴奋。看着火车窗外不断掠过的河面和对岸大片连续不断的葡萄园，我不顾相机电量低的警告，不断按下快门，想为自己这或许是唯一一次如此浪漫的旅途留下点东西。

倒了几次车，一些认识和不认识的人下车了，有的我之后还见过，有的就再也没见过了。我也该下车了，车站坐落在波鸿，一座离我要去的小镇有20分钟车程的城市。下车的时候，看见别人和接待家庭的人热烈地拥抱，我对即将到来的时刻却没有展露任何兴奋之情，不过当接待家庭的妈妈哭着拥抱我的时候，我切切实实地感到了温暖。现在想想，当时的反应只是为了表现自己的"成熟"。

德国家庭

接待家庭里有5口人，除父母外，另外3个都是男孩。后来父母经常说我是他们的第四个儿子，着实令我激动——如果德国的父母对你说类似的话，那你也非常值得激动，因为他们是发自内心地这么说的。德国人基本上不会说客套话，他们就是这么个棱角分明的民族。

三兄弟里的老大简（Jan），和我一般年纪，在回家的路上，他用随身带着的音乐播放器给我放了一首歌。很久以后，当他再次跟我提起这件事的时候，我却基本上没有印象了，因为对一个刚刚"降生"到世界上的"新生儿"而言，"出生"时听过什么音乐的确是不容易记住的。我和简的关系一直很好，他是典型的德国人性格：坚毅、勇敢、严密，思考和行动能力强，严于律己、理性超过感性。我对德国人的很大一部分认知是在和他的交流中得到的。同时，他有着属于德国年轻人的一面：爱玩游戏，喜欢看战争片、听金属乐，周末和朋友出去玩，有时候去参加派对。他是我在德国交到的第一个朋友，也是最好的朋友。接待家庭的妈妈经常说我和简很像，不只身体形态上很相似，而且性格接近。

老二马克斯（Max），15岁，长得人高马大(身高185厘米，体重80千克)，属于很典型的叛逆期的少年。平时吃饭的时候无论大家讨论什么问题，他都一定会插上一个相反的观点，借以表现一下自己。他在身体上已经完全和成年人无异，只是心智还不太成熟，毕竟是处在成长阶段。马克斯平时多是和小弟玩玩电脑、骑他最喜欢的摩托车，周末则聚上一群朋友一起玩桌上游戏。和很多年轻人不同，马克斯有着自己明确的理想和目标，就是学习与汽车相关的知识，然后进入奔驰公司工作。事实上，他已经在朝着这一目标努力了。我有时候很羡慕他，因为至少他清楚自己将来要成为什么样的人，并且因此而非常快乐。虽然我和马克斯在同一所学校上学，但是在这10个月中我与他的接触及对他的了解是最少的。在十几岁这个年龄阶段，两三岁的差距就代表着一种完全不同的人生观和相似度很低的性格。

小弟费利克斯（Felix），身高不到160厘米，是家里除了妈妈（身高175厘米）以外唯一一个身高低于180厘米的人。12岁的费利克斯看上去比他的实际年龄小很多。他经常在妈妈怀里撒娇，并且自称拥有一个6岁的灵魂。虽然如此，他完全没有作为家中最小的孩子的骄横之气，反而非常懂道理。我从未见过他因为自己的愿望不能被满足而表现得烦躁和生气。

和简相似，接待家庭的爸爸身材修长，简的蓝眼睛和怎么吃都不会胖的基因都是遗传自他。他工作很忙，每天我们刚起床他就去上班了，直到下午5点才下班。他是个很典型的德国爸爸，会组装电脑、修理电器、粉刷墙壁、裁剪和粘贴墙纸、修剪草坪、做费利克斯不会做的数学题。费利克斯经常说："爸爸什么都知道！"这位爸爸有两个爱好：汽车和电脑。前者是因为那是他的工作；后者则让我非常兴奋，因为这也是我的爱好。我到家第二天，他就用家里七八台旧电脑的配件给我组装了一台"新"电脑。这台电脑陪伴着我度过了那些游学时光，直到现在它还在一楼的那间电脑房里安静地待着。

和他们一起度过的这10个月，我感受到了充实和快乐。每天和马克斯还有费利克斯一起玩游戏，到后院荡秋千、踢足球，上网浏览论坛，晚上和简坐在餐厅里聊到深夜……一种完全不同的生活方式会带给人一种不同的思考方式。在这样的日子中，我获得的远远超过了

"开阔眼界"的范畴。

我将永远不会忘记他们，永远不会忘记在德国的某个小镇上，住着一家如此善良和友好的人。我相信，如果我再回到那里，就像回到家一样，会感受到家的温暖。

学校和教育

德国人学的英语是非常难的，十二年级（相当于国内的高二）的英语高级课程就直接拿赫胥黎的长篇小说《美丽新世界》来学习。德国高中毕业时的英语综合水平远超国内大学英语四级水准。

学校的生活是丰富多彩的，大家在下课之后都有事做。基本上每个人都有至少一个喜欢并且会长期进行训练的运动项目，不少人还会去学习乐器演奏或者歌舞。德国学校并不像美国或日本学校那样组织各种社团来充实学生的课余生活，因为即使学校组织这些社团，学生也会选择专业性更强的集中训练来发展自己的各种爱好。

德国的教育非常重视理性，学生从小就被教导一定要理性地生活，做任何事之前都要想想这件事是不是符合规则、从长远上讲是不是对自己有利。这样的环境教育出的人会变得异常理智、冷静、自制。除此之外，德国的教育还有一个特点，就是讲究言论自由和平等，男女、老幼、亲子之间，每个人都有权发表自己的看法并指出别人的错误，没人会觉得"脸上无光"或者"得罪人"，因为根本不存在"面子"的概念。在这样的国家生活，人会觉得很轻松。

为了配合这样的教育气氛，德国的学校体制异常宽松——没有自习课，放学很早，学习完全靠自觉。德国的中学主要分两类（其中还有细小的分类），一类是培养大学生的文理中学，另一类是培养技工的中学。小学毕业后（德国小学只有4年），学生会根据自己的情况和老师的建议选择中学。不过在以后的学习中，学生可根据自己的学习情况调整学校。由于"平等"的教育方针，德国的技工并

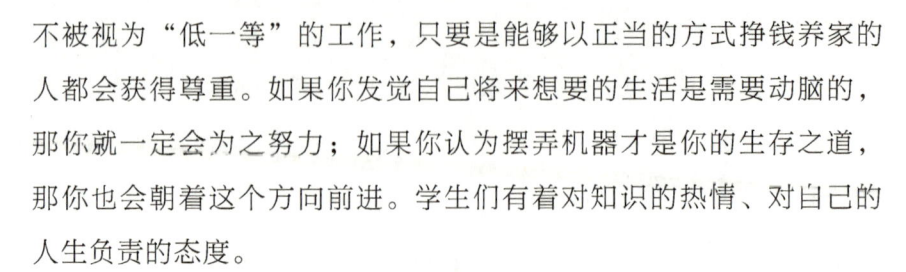

不被视为"低一等"的工作，只要是能够以正当的方式挣钱养家的人都会获得尊重。如果你发觉自己将来想要的生活是需要动脑的，那你就一定会为之努力；如果你认为摆弄机器才是你的生存之道，那你也会朝着这个方向前进。学生们有着对知识的热情、对自己的人生负责的态度。

德国的高考和中国的有所不同，考生可以自由选择几科来进行笔试，其他的是口试。我有个同学，理科极好，文科则差很多，尤其是英语和德语。但是他的未来依旧是非常光明的，因为他的理科能力已经足够让他进入理想的理科大学了。更重要的一点是，他的内心是充满热情的、是自由的，他学到的知识都是他喜欢的，他已经确定了他的未来。

不过这样的教育也是有缺点的，那就是对于理性的过度重视导致了对情感的忽略。孩子和父母之间是平等的，父母在传统道德上没有约束孩子的权力，所以很多孩子在成年之后就远离父母生活，使双方感情渐趋冷淡。有些人甚至在父母临终的时候也不愿意去见他们一面，而对利益的追求则使他们变得自私自利。当然，这些都是极端的例子，是这种教育的负面影响被发挥到极致时所表现出来的特殊情况。

（张玲、余明忠：《天下游学·情满五洲——CEAIE-AFS国际文化交流项目30周年随感录精选集》，北京教育出版社，2011。收入本书时有改动。）

实践探索 ▷▷▷▷▷▷▷▷▷

从表2-1中选一个文化维度，分析以上选文中德国的文化特征，并试着举例说明。

表 2-1 文化的 6 个维度

文化维度	定义	举例
个人主义/集体主义		
男性化/女性化		
高/低权力距离		
高/低不确定性规避		
长期/短期取向		
放纵/约束		

第三章
刻板印象与普遍印象

导 读

　　生活在相同或相近的政治、经济、自然、文化等背景中的人们，必然具有许多共同点。同一类对象的这些共同点往往被人们保存在自己的经验里，形成较为固定的看法沿袭下来并推而广之，认为这个事物或者整体都具有该特征，而忽视个体差异，这种情况被称为刻板印象。刻板印象有积极的一面，也有消极的一面。一方面，刻板印象可以简化认知过程，使人们能够迅速了解交流对象的大概情况，有利于人们应对周围的复杂环境；另一方面，刻板印象也会使人们在认识别人时忽视个体差异，从而导致知觉上的错误，造成先入为主，妨碍对他人作出正确的评价。

　　意识到或是理解特定文化具有相似特征，有助于我们快速理解该文化。文化普遍印象是灵活的、开放的，随时会考虑到新的文化信息。它更像是一种假设或者猜测，即当我们与某一文化互动时，我们期望会遇到什么样的反应。这种灵活性能增强我们的文化好奇心、提高对文化的敏感度，从而改善跨文化关系。形成文化普遍印象是跨文化交流的必要组成部分，可以帮助我们预测、分类和理解在跨文化情境中接收到的新信息和体验到的新感受。文化普遍印象的概括可以作为我们认识不同文化的基础，从而使我们可以不断寻找个人的特定信息，从而丰富我们对他人的认识和理解。

本章通过对"兔子的险境"等案例的分析，帮助同学们区别刻板印象与普遍印象，并引入一种有效的认识方式，引导同学们对不同于自身文化的外国文化建立客观、公正的认识。

第一节　兔子的险境

案例思考 ▶▶▶▶▶▶▶

案例一：兔子的险境

AFS 国际文化交流项目赴意大利交流学生　曲中直

我在意大利交流时，有一个爱心家庭接待了我，一家人都对我非常友好。接待家庭的阳台上养了一只小兔子。在这个家庭生活一段时间以后，我发现每当我靠近阳台上的兔子时，全家人就表现得异常紧张，总问我会吃掉他们的兔子吗？我一开始以为只是一个无厘头的玩笑，没在意。过了一个月，我发现他们似乎是认真的。于是我找了一个机会，认真地问他们为什么这么害怕我吃掉他们的兔子，是觉得我凶，不爱动物吗？

他们的回答让我大吃一惊。原来因为文化理解的差异，他们了解到我们在中国吃很多他们从来不吃的东西，如鸡爪、猪肝等。他们认为我什么都吃，担心我会把他们家养的兔子宰了吃掉！

案例二：家庭是最重要的，没有之一

AFS 国际文化交流项目赴阿根廷交流学生　叶霄汉

阿根廷人对家庭的重视可能是我永远没有办法理解的。似乎从第一天的晚饭开始，我就已经是他们家的一员了。接待家庭的爸爸妈妈的"吵架"从来没有避讳过我，话题常常是这周末去不去奶奶家或者今晚的牛排是不是烤得太焦等。在一次生日聚会上，我们小孩在里屋聊天玩耍，外面饭桌上的大人们似乎"吵开了锅"。我惊愕地出去一看，竟然看到一桌子人在"吵架"，一位婶婶还哭了起来。我赶忙问接待家庭的弟弟，他一脸无所谓地说，他们只是在讨论政治而已。

那晚，所有人竟然在公寓不大的客厅里跳起了舞，爷爷奶奶跳着交谊

舞，爸爸妈妈跳着摇滚舞。平时看起来大腹便便的爸爸跳起舞来简直魅力四射，可爱的弟弟竟然在我走之前说我是全家唯一关心他的人（因为我陪他玩）。语言的障碍在这样的家庭里似乎被一种无形而强大无比的力量冲倒了，而我知道，这种力量让这个家庭里的每一个人都有无比的信心，都有去爱他人的勇气和被他人爱的可能（图3-1）。

图3-1　叶霄汉（左二）与他的阿根廷接待家庭

【思考】

在案例一中：

1. 你认为是什么原因造成了接待家庭对"我"的误会？

2. 如果你是文中的主人公，当你了解到接待家庭对你的误会时，你该怎么办呢？

3. 生活中你是否遇到过类似的误会？请举例说明。

在案例二中：

1. 案例中的阿根廷家庭为什么会"吵架"呢？既然他们经常"吵架"，为什么作者还觉得阿根廷人对家庭非常重视呢？

2. 你如何看待吵架？吵架到底是一种什么样的行为？

3. 你和你的亲人或朋友吵过架吗？如果吵过，是什么原因使你们吵架的？

知识补给 >>>>>>>

刻板印象

刻板印象（stereotype）指人们对于某些特定类型的人、事、物的一种概括的看法，这种看法可能是来自同一类型的人、事、物中某一个体给人的观感。刻板印象通常是负面且先入为主的，并不能表示每一个属于该类型的人、事、物都拥有这样的特质。刻板印象大多是因为个人没有足够的时间去了解某个个体。例如，当我们看到长得魁梧、有文身、戴墨镜、表情吓人且穿着黑西装的壮汉，很可能会将他误认为黑社会人物。在刻板印象的影响下，人们容易先把世事标签化分类，再对目标物的种种现象加以归纳，支持其原先的刻板印象。例如，"法国与浪漫的关联""日本人都爱吃生鱼片""美国人都很胖""德国人一板一眼、约会很准时""亚洲人数学都很好""俄罗斯人都很粗犷豪放"等即为地区刻板印象。案例一中主人公接待家庭的表现就是典型的刻板印象；案例二讲述了阿根廷家庭成员彼此相爱又"吵架"的方式打破了主人公既有的印象中对"爱"和"吵架"的定义，如果主人公没有机会深入了解阿根廷家庭，他可能会在短时间内形成"阿根廷人爱吵架"的刻板印象。实际上，"吵架"可能只是阿根廷人情感表达的方式之一。

拓展阅读 >>>>>>>

从《疯狂动物城》看刻板印象

《疯狂动物城》是迪士尼影业出品的三维动画片，由里奇·摩尔、拜恩·霍华德及杰拉德·布什联合执导，金妮弗·古德温、杰森·贝特曼、夏奇拉等配音。该片于2016年3月在中国上映，不仅获得了成功的票房，还得到了良好的口碑。

在这部影片中，我们羡慕动物们和谐相处的场景。但是在观影中，有人常常会认为狐狸就是奸诈与狡猾的代名词，而兔子很弱小，肯定不能担当诸如警察等职。那么我们为什么会有这种认知呢？事实上，这些就是我们对狐狸和兔子的刻板印象。

兔子朱迪一直生活在一个很偏远的小镇，她聪明活泼、见义勇为。父母对她的期盼是能一直待在家乡卖萝卜，她却立志成为一名警察。由于身边的人对兔子有着胆小的刻板印象，所以她招来无数的嘲笑与欺负，但她还是坚持来到警察学院学习。刚开始，朱迪因为个头娇小，经常受到大块头的食肉动物的嘲笑。局长让她别"逞能"，给她布置在马路上指挥交通和贴罚单的任务。朱迪和父母视频聊天时，父母知道她的工作并不是危险的处理紧急事务而是贴罚单，很是开心与满足。狐狸尼克见到朱迪整天贴罚单的忙碌的样子，对她很不屑，告诉她现实很残酷。尼克也存在刻板印象，认为"胆小如兔"，肯定不能当警察办大案。但是朱迪敢于接受挑战。朱迪与尼克在查案过程中遇到发狂的美洲豹，呼叫总部救援，但是当救援者来到后，美洲豹却消失了。出于长久的不信任，局长对朱迪说："也许在兔子看来任何食肉动物都是野蛮的。"这句话毫无疑问暴露了食肉动物与食草动物相互固有的刻板印象。

片中的狐狸尼克，童年时希望成为童子军队员，却被食草动物排挤。于是他自暴自弃，成为影片开头出现的"坑蒙拐骗"的狐狸形象。尼克带着"儿子"去大象冰激凌店买超大号的冰棍，大象说："我最讨厌狐狸了，我不会卖冰棍给狐狸。"由于大象对狐狸存在刻板印象，尼克差点买不到冰棍。朱迪后来发现尼克在做骗人的生意，他没有营业执照，不讲卫生，欺骗消费者，狡猾的形象一下子呈现在观众面前。于是我们坚信自己对狐狸的判断，认为狡猾的狐狸肯定会继续做类似的事情。然而，在故事发展到高潮时，我们深深地感受到狐狸的勇敢、聪明，并且喜欢上了尼克。

那么，这部影片给了我们什么启示呢？

这部影片通过细致入微的拟人化的处理，用动物世界的故事来告诉我们一些道理。影片的主题是"Anyone can be anything"，即任何人都能成就任何事。在"乌托邦"式的美好愿望下，加上高科技的动画特效，导演巧妙地将刻板印象穿插在故事情境中。影片通过食肉动物与食草动物根深蒂固的刻板印象，直接引导观众去反思今天的人类社会。在影片的开头，长着一副温柔外表的羊副市长协助朱迪去查看监控、积极寻找线索，一度赢得了观众的认可。但是随着电影故事情节的发展，事情出乎意料，看似和善的羊副市长竟然是幕后黑手。后来，羊副市长道出真相，她其实是想被重用，想担任市长的职位，为食草动物赢得利益，所以策划了这场针对食肉动物的阴谋。这就启示人们要做到表里如一，不仅要踏实地工作，还一定要有善良的品质，这样才能赢得社会的尊重。投机取巧无论在什么情况下都是行不通的。朱迪与尼克前往政府部门办理手续时，名为"闪电"的树懒动作极其缓慢，他令人着急的办事效率引得观众哄堂大笑。事实上，这个场景是对社会上某些相关单位人员工作速度的讽刺，政府机构相关工作部门应该提高效率。同时，在这部影片中，导演将动物世界和人类社会的规则秩序巧妙地结合起来，通过一系列情节告诉我们，不论在动物世界还是人类社会，危机依旧存在着。在当代，经济与科技高速发展，同时恐怖袭击、战争等问题依旧在不同程度地影响着世界的稳定。就像影片结尾处羚羊所演唱的主题曲《尝试一切》（*Try Everything*）一样，在这个复杂的世界上，要想达到"乌托邦"式的完美和谐几乎是不可能的。不过，值得欣慰的是，在羚羊的演唱中，动物们开心地庆祝嘉年华，又回到了电影开始时一派祥和的景象。

最后，引用该片中朱迪的一句话："生活总是有点艰难，我们也都会犯错，但不管你是谁，改变都可以从你开始。"正确地看待刻板印象，发展其积极影响，包容其消极影响，去尝试改变，拥抱新的世界。

[刘雪婷：《从〈疯狂动物城〉看刻板印象》，载《报刊荟萃》，2018（8）。收入本书时有改动。]

实践探索

了解了刻板印象的利弊之后，请用学过的理论判断以下哪些是刻板印象。请在句子前面的方格里打"√"或"×"。

☐1. 黄皮橘子比青皮橘子甜。
☐2. 男同学比女同学数学好。
☐3. 一般说来南方人比北方人更爱吃米饭。
☐4. 阿根廷人都喜欢踢足球。
☐5. 澳大利亚到处都是袋鼠和考拉。
☐6. 大多数文字书写是按从左到右的顺序。
☐7. 许多外国人说中国人都爱打太极拳。
☐8. 美国学生在课堂上很活跃。
☐9. 少数民族一般都能歌善舞。
☐10. 无论在哪个国家，邮政标志都是绿色的。

你还能举出更多的例子来说明刻板印象吗？请找一找我们身边的刻板印象，并说出其为什么会存在。

第二节 "先见之明"

> **案例思考** >>>>>>>

西班牙人素有午睡的习惯，英语中"午睡"一词常用从西班牙语演化来的"siesta"（西班牙的汽车旅馆提供午休服务，图3-2）。在西班牙，中午有一段时间是"神圣的午睡时间"。有一则著名的笑话：西班牙警察追小偷，追到中午12点，警察一看到了午睡时间，马上停止工作去咖啡馆小坐。有人问警察，这个时候你来休息，小偷不正好逃之夭夭吗？警察不紧不慢地说，如果这个小偷也是西班牙人的话，他这会儿肯定也在咖啡馆休息呢。

我们了解到西班牙人喜欢午睡，对了解西班牙这个国家有什么帮助呢？我们在网络上经常看到一些文章说西班牙人很懒散（僵化判断），并举出西班牙人的午睡习惯作为论据。其实很多国家的人有午睡的习惯，图3-3就是希腊一家牙医诊所的办公时间。在中国也有一些人有午睡的习惯，是否就可以说中国人也很懒散呢？因为有午睡习惯就把一个国家的人定义成生性懒散，其实是典型的刻板印象。

图3-2 西班牙汽车旅馆广告牌　　图3-3 希腊牙医诊所办公时间

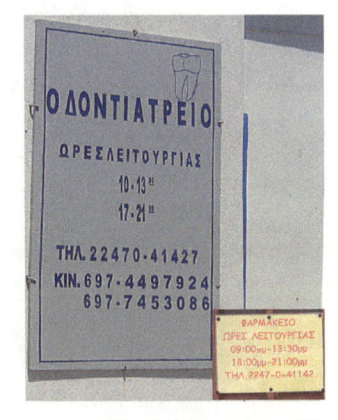

那么，刻板印象与普遍印象的边界到底在哪里呢？我们通过图3-4来对刻板印象和普遍印象进行了解。

刻板印象	普遍印象
① 无意识的本能反应。 ② 僵化地判断事物。 ③ 凡事简单化。 ④ 对事物的看法一成不变。	① 有意识地分析事物。 ② 总结一般规律。 ③ 凡事尽量准确。 ④ 具体情况具体分析。

图 3-4　刻板印象和普遍印象

【思考】

1. 刻板印象的正面作用和负面作用是什么？
2. 普遍印象在文化交流中能起到什么样的作用？

知识补给

什么是普遍印象

普遍印象是我们在与某种文化互动时所期望遇到的一种假设或猜测。普遍印象涉及将同一组成员分类为具有相似特征的群体、文化概括是灵活的、允许结合新的文化信息等内容。这种灵活性随时可以增强人们对文化的好奇心和意识，从而改善跨文化关系。形成普遍印象是跨文化交流的必要组成部分，因为它可以帮助我们预测、分类和理解我们在跨文化情境中接收到的新信息和体验到的新感受。普遍印象不同于刻板印象。尽管普遍印象不一定完全准确，但它能使我们对某一文化群体有一定的"先见之明"，帮助我们理解或融入新的文化环境。形成普遍印象的过程是动态的、富有弹性的。我们在认识过程中不断修正观点，最终对新的文化环境形成相对客观的、深入的理解，其成果就是有效沟通或融入新的文化环境。

> 拓展阅读 >>>>>>>>

普遍印象有助于理解新的文化环境

普遍印象为理解不同文化提供了一个起点或基础。当你走进一个全新的环境时，如果你的头脑一片空白，很可能需要几个月甚至几年时间来了解新环境；如果有人提前告诉你一些信息、一些规律性的文化特点，那么你就有了一个起点。

这个起点为理解一种对你来说很陌生的文化奠定了基础。起点意味着你的理解会逐渐成长和成熟，但你必须从某个地方开始。越复杂的文化环境，就越需要良好的起点，也就是要有提前预知的普遍印象来帮助你融入当地的文化。

《东西相遇》一书帮我们图解了东西文化。

华裔设计师刘扬在2007年出版了《东西相遇》一书，引起了巨大反响。该书用简单明了的图画向读者表现了德国、中国两个国家的细节，如对待孩子的态度、周日的街景等。其中大部分是人们的日常经历，让德国、中国读者都能产生共鸣。以下节选部分内容，蓝色部分代表德国，红色部分代表中国，我们一起来看看吧。

1. 一日三餐，如图3-5所示。

图3-5　一日三餐

2. 老人的日常生活，如图3-6所示。

图 3-6　老人的日常生活

3. 周日的街景，如图3-7所示。

图 3-7　周日的街景

4. 对待孩子的态度，如图3-8所示。

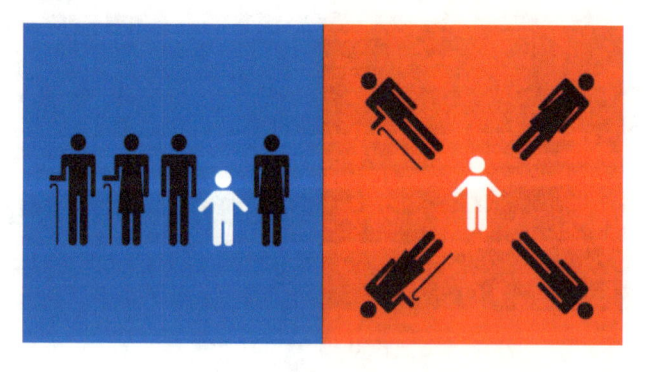

图 3-8　对待孩子的态度

5. 处理问题的方式，如图3-9所示。

图3-9　处理问题的方式

6. 表达意见的方式，如图3-10所示。

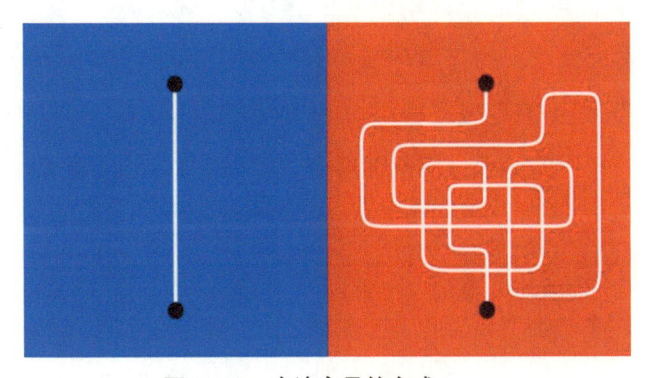

图3-10　表达意见的方式

（刘扬：《东西相遇》，德国传奇艺术出版社，2007。）

实践探索 >>>>>>>

我们了解了文化刻板印象与普遍印象的区别：文化刻板印象是把某一群体的特点绝对化；普遍印象是寻找共同点，帮助我们了解某个文化群体的特点。跨文化学习需要借助普遍印象来了解各个国家的特点。

习近平主席2014年3月27日在联合国教科文组织总部演讲时说："阳光有七种颜色，世界也是多彩的。一个国家和民族的文明是一个国家和民族的集体记忆。"[①]不同的国家和民族有不同的文化传承。各个国家都有哪些文化特点呢？让我们先从自己的国家开始探索，看看我国的文化特点吧。

任务一：根据你对中国文化的认识，从表3-1右边的特点中选出对应的序号。如果你认为还有其他特点，可以进行补充。按以下要求完成任务。

1. 把你认为属于中国文化的特点按强弱顺序排列，将最明显的特点的序号排在最前面、最不明显的特点的序号排在最后面。

2. 针对每一个特点，请举出1~2个例子来说明你的选择的合理性。

3. 和同学讨论、分享自己的答案，并和其他同学的答案进行对比，看看大家给出的答案有哪些相同点和不同点。

任务二：在美国、德国、日本和印度4个国家中挑选1~2个国家，按任务一的要求分析该国的文化特点，并说说你的理由。

表3-1 不同国家文化特点

中国	美国	德国	日本	印度	特点
					① 重视体面。 ② 重视家庭。 ③ 重视教育。 ④ 重视环保。 ⑤ 人人平等。 ⑥ 集体主义。 ⑦ 个人主义。 ⑧ 努力工作。 ⑨ 重视财富。 ⑩ 等级制度。 ⑪ 重视和谐。 ⑫ 考虑问题从长远出发。

---

① 习近平：《在联合国教科文组织总部的演讲》，载《中国青年报》，2014-03-29。

第三节 "真相"是什么

案例思考 ▶▶▶▶▶▶

前面我们学习了一个名词"刻板印象",为什么我们会有刻板印象呢?因为我们往往会根据自己的思维定式简单地判断事物、会根据自己的主观意识下结论。怎样才能防止刻板印象呢?在这一节里给大家介绍一个非常有效的思维工具,叫作"DIVE"。

观察图3-11,然后回答下面的问题。

图3-11 练习图

在加油站里,这位年轻人正在做什么?

在下列句子中,你认为哪个是客观描述,请用D表示;认为哪个是主观判断,请用I表示。

1. 这是为啤酒做的一个广告。(　　)
2. 他喝醉了,不知道在做什么。(　　)
3. 这不是他的车,他正在搞破坏。(　　)

4. 他正在用啤酒瓶向油箱里面倒东西。（　　）

5. 瓶子里实际上装的是汽油，因为加油泵坏了，所以他只能用瓶子加油。（　　）

针对以上问题，你的判断是什么呢？为什么？

在判断他人的行为时，我们需要各种各样的解释，不管这些解释的可能性有多大。这样做不仅仅是为了找到最可能的解释，还是为了在找到最可能的解释的同时找到其他更多的解释。解释是一个很容易被满足感迷惑的陷阱，为了能够客观公正地判断事物或他人的行为，我们要学会使用一个新的工具——DIVE。

知识补给 >>>>>>>

什么是 DIVE？

DIVE 模型是一种有用的工具，有助于发展一种涉及价值判断的思维过程，并客观地展示出在个人角度和文化角度上解释和评估的相关性。

D（Description，客观描述）：我所看到的（仅指看到的事实）。

I（Interpretation，分析解释）：我想我看到的是……

V（Verification，调查求证）：我认为我看到的是正确的或错误的。

E（Evaluation，得出结论）：我对我所看到的有何感想（积极或消极）。

DIVE 模型可以帮助我们从客观角度看待问题，从不同的文化背景、角度进行解释和评估，进而发展一种涉及价值判断的思维过程，避免由于刻板印象产生的沟通障碍和文化冲突，并用客观、公平、宽容的态度判断事物与对待异国文化。

小提示：

根据DIVE的定义，案例思考中的5个句子里只有第4个是客观的描述，其他的句子都增加了观察者的解释和判断。

拓展阅读 >>>>>>>

阅读下面的故事，根据DIVE模型，填写表3-2。

杨小麦在中国（节选）

AFS 国际文化交流项目意大利来华交流学生 Arianna Gatta
（阿里安娜·加塔）

我的中国姥姥和姥爷对我产生了重要的影响，特别是姥姥。她教我插花艺术，还有中国书法和中国国画基础。而且他们帮我找到一位太极拳老师，让我学太极拳。一般来说，中国的老人生活丰富，总是参加许许多多的活动，如唱歌、唱京戏、跳舞、练太极拳。他们有朋友、爱生活，我很尊重他们！

我非常重视我的同学们。开学的时候，看见中国学生，我觉得他们都长得一样，都穿着统一的校服，都有黑棕色头发，眼睛都是棕色的。他们看起来好天真，好像脑子里没有什么想法。当我融入他们之中，他们都非常热情地欢迎我，因为外国人总让他们好奇！慢慢地，我开始认识他们、进入他们的小世界了。我发现他们不仅很深刻地思考问题，而且每个人都有自己的故事。但是他们不直接告诉我他们的想法，我需要研究，要深入他们的心里。我眼睛里看见的都是统一的校服，但每件校服里面都有个特殊的人。

（张玲、余明忠：《天下游学·情满五洲
——CEAIE-AFS国际文化交流项目30周年随感录精选集》，
北京教育出版社，2011。收入本书时有改动。）

表 3-2 对杨小麦行为的分析

项目	分析
D	
I	
V	
E	

在杨小麦同学的故事中，你认为哪些是客观描述（D）？分析解释（I）杨小麦同学根据她观察到的现象得出的结论。调查求证（V）环节是通过深入的交流了解当地的文化背景，求证结论是否正确，最终得出结论（E）。请同学们运用DIVE模型分析杨小麦同学的观察。

实践探索 >>>>>>>

请你用所学的DIVE模型客观地描述图3-12，说一说你看到了什么。

图3-12 DIVE 练习图

一、客观描述

请你用一句话描述图3-12的客观情况，并邀请3位同学分别进行描述，然后进行比较，最后填写表3-3。

表 3-3　客观描述

人员	客观描述
我	我看到……
同学A	
同学B	
同学C	

二、分析解释

请你和3位同学根据以上描述解释图3-12，并比较一下你们的解释有什么不同，然后填写表3-4。

表 3-4　分析解释

人员	分析解释
我	我认为……因为……
同学A	
同学B	
同学C	

三、调查求证

简单、主观的判断会让人走入误区，正确的方法是找到事实依据。线索提示：THINKGEEK是一家零售店，其商品包括电子和科技类的创意产品。请你和3位同学根据线索提示填写表3-5。

表 3-5　调查求证

人员	调查求证
我	根据提示，我的分析是……
同学A	
同学B	
同学C	

四、得出结论

现在，你们可以尝试得出结论了。请填写表3-6。

表 3-6 得出结论

人员	结论
我	现在我的结论是……
同学A	
同学B	
同学C	

最后，让我们用DIVE模型把图3-12所示的内容完整地诠释出来，并填写表3-7。

表 3-7 对图 3-12 的分析

项目	分析
D	我看到……
I	我想我看到的是……
V	
E	

补充说明 >>>>>>>

　　THINKGEEK是位于纽约时报广场附近的一家创意产品零售店，其广告牌设计参考了纽约地铁站的设计，不明真相的人往往会把THINKGEEK当成地铁站或地下通道。

延伸阅读 >>>>>>>

心还在，花常开
AFS国际文化交流项目赴美国交流教师　王京蕙

　　2005年8月，作为传播中国文化的使者，我怀着对未来10个月生活的美好憧憬，带着一丝好奇和不安，肩负着神圣的使命，飞往大洋彼岸的国度——美国，参加AFS国际文化交流项目。这的确是一次令我难以忘怀的经历。

　　在这之前，我心中对美国的印象并不太好，因为我觉得它太霸气、太不友好、太好战。我虽然接触过美国人，觉得他们比较友善，但毕竟没有深入接触。这让我在收拾行李时把能想到的生活用品中一切可以带的东西全都打在了包里，心想："说不定用到他们的东西还要我付钱呢。"我到"家"后，迎面而来的是家的温暖、亲人的关怀。我卧室里的一切"家当"全都干净整齐地放在那里。由于不同的生活习惯，每当我小心翼翼地提出问题时，他们总是笑着说："行，随便点儿！"在与一家人共同生活的几个月里，在与朋友们接触的过程中，我看到的始终是和蔼的笑容。对于孩子，他们细心体贴，那份对孩子的期待和关爱，和我们相比没有本质的区别。从他们和孩子的对话中，从他们在电话中对孩子的亲切问候和关心里，从他们参与学校教育的程度上，我感受到了美国人的真诚、大度和对孩子们的关爱。整个美国社会对孩子们进行平等、诚信的教育，敦促他们从小做一个诚实守信的人。在这里，我真正体会到了朋友们真挚、热情的帮助，亲眼看到了这个国度中的人民，体会到了国与国之间加强交流和理解的重要性，加深了我的责任感和使命感。

　　我一直对美国有一丝恐惧，尤其是有那么多的美国人持续关心别国的政治问题。从这次的实际生活中我看到：有很多美国人渴望和平、反对战争，渴望全世界人民都能有一个安全稳定的生活环境、有一个幸福的家。我很多次在门上、窗上、路牌上看到反战标语，他们呼唤和平。还记得在一个大雪纷飞的寒冷的冬日，那是美国对伊拉克发动战争三周年的日子，我所在的城市举行了一场大规模的反战游行。从八九岁的孩子到七十开外的老人，顶着寒风、冒着大雪，举着写有"停止战争"的标语牌，沿着街道走到市中心广场上，发表演讲，一起唱歌。在晚上举行的会议上，大家自由地分成组，积极献计

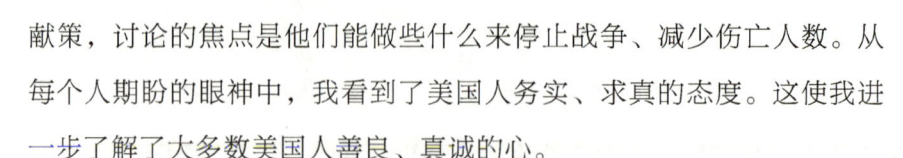

献策，讨论的焦点是他们能做些什么来停止战争、减少伤亡人数。从每个人期盼的眼神中，我看到了美国人务实、求真的态度。这使我进一步了解了大多数美国人善良、真诚的心。

10个月里，我每一天都被美国朋友的热情、真诚、友爱、善良感染着。与此同时，我同他们分享我的文化、我的语言、我的带有传统中国品位的人格魅力……我结识了许许多多的朋友，我给他们介绍中国的发展和巨大变化、介绍中国特有的文化活动、介绍中国美丽的城市和风光……在交流期间，9所美国中小学留下了我忙碌的身影和灿烂的笑容，800多人参加了我的文化交流活动。还记得我提着沉重的电脑和投影机穿梭在教室间，去给他们介绍长城、天安门、故宫，介绍中国剪纸艺术和书法……过年了，我除了介绍中国的春节外，还做了一系列有关春节的课程，把中华优秀传统文化及其真正的含义传递给要了解我们中国的人，内容包括写春联、贴福字、发红包、包饺子、做春卷，还有拜年、放炮、闹花灯等，使他们了解了中国，对我们的文化和智慧赞叹不已。有很多朋友对我说："我一定要去中国看看！"每周六的汉语课是我生活中重要的一部分。我住过的两个家庭都收养了中国孩子，当地收养中国孩子的家庭还有很多，他们有个共同的愿望：让自己的孩子了解中国。于是，我在学校之外的工作就多了一项——给这些4～9岁的中国孩子和他们的洋父母们上汉语课。课上，我尽可能地用儿童的语言与他们交流与儿童生活有关的内容，将学习和游戏相结合。有时，一节课上完，我很受感动。例如，在做"丢手绢"的游戏时，由于歌词好记、曲子好听，一个智力有残疾的7岁男孩"福宝"一见到我就拉着我唱"丢丢丢……"，我知道我的影响在这些孩子的心中已经很深了。中国传统的"贴鼻子""学报数""击鼓传花"等孩子们喜闻乐见的游戏我都展示了一番，使他们乐在其中、饶有兴趣。

辛勤的工作换来的是朋友们真诚的笑容，我踏实的工作得到了学校所有老师的认可和赞扬。一些朋友邀请我到他们的学校去上课，对这样的邀请，我向来是欣然接受。我从没有把它当成负担，而是把它当作难得的广交朋友、充实自己、开阔眼界的好机会。就这样，我成了几所学校乃至整个小城的"知名人物"。我从中深入了解了美国文化的方方面面，有了很大收获。我的接待家庭总是说："你知道你影响了我们周围的多少人吗？你的工作是很了不起的！"我感谢这样的评价，也感到国际交流确实非常必要，各国人民都渴望增加沟通和了解。我还感到，虽然各国人民操着完全不同的语言、有着完全不同的生活背景和经历，但在很多方面其实是相通的，情感上也是一样的。

　　这10个月的生活经历让我学到了很多，美国人的文明习惯、诚实教育等使我感受深刻，我以前对美国的那些负面看法已经完全改变。通过10个月的文化交流，我改变了许多，也体会到了一个人远离故土的那种孤独和寂寞，增强了对生活的珍惜之情。

　　回来已经4个月了，回想起10个月难忘的、不平凡的经历，回想起与当地朋友们结下的深厚友谊，回想起临别时他们在机场为我送行的一幕幕……我会永远记得那些朋友和家人，我会永远记得他们的那句话："记得这里也有你的家！"

　　我从心底里衷心祝愿：友谊之花常开！

第四章
文化差异

> **导 读**
>
> 人们怎样共同生活，以及如何形成一种有组织的社会，其决定因素包括地域、气候、发展程度等，这些因素决定一个社会的文化特点。因此，文化不是一种个体特征，而是具有相同社会经验、受过相同教育的许多人所共有的心理程序。对于不同的群体、不同的国家或地区的人们而言，这种共有的心理程序之所以会有差异，是因为他们接受不同的教育并有着不同的环境、社会和工作。
>
> 第七版《辞海》将文化冲突定义为："不同文化在传播、接触中出现的互相排斥的倾向和状态。"当交流的一方对另一方的行为、观点或努力要达到的目标产生不同的认知时，就产生了文化冲突。在一般情况下，文化冲突先由沟通不当或失误而引起，进而导致沟通误解。如果不及时消除沟通误解，人际冲突或矛盾就会产生。其实，许多冲突现象是文化差异在跨文

化沟通中的必然表现。这种情况下，只有充分沟通、认真聆听，利用文化同理心，才能化解冲突。

本章通过对泰国的敬师典礼、中韩师生之间的互动、电影《刮痧》等的分析，展现文化差异带来的冲击；和同学们一起思考，在不同的文化情境中到底该如何应对我们所面临的文化差异。

第一节　缤纷世界

案例思考 ▶▶▶▶▶▶▶

以下是一位中国老师在泰国受到的礼遇。想一想，如果你是一名去泰国交流的中学生，被要求像泰国学生一样向老师行礼，你会如何表现？

案例一：敬师典礼

AFS国际文化交流项目赴泰国交流教师　赵铁夫

6月11日，星期四，我参加了泰国一所学校一年一度的敬师典礼。在典礼上，全校学生通过祈祷、唱歌、跪拜、献花等方式表达对老师的尊重。敬师典礼举行的时间由各学校自行确定，通常是在新学年伊始。有一点是肯定的：举行敬师典礼的那天一定是星期四。因为根据传统，这样的典礼在星期四举行相当吉祥。每个学生都会带一小束象征美好祝福的花到学校，以班为单位将花束集中在一起，摆出各种赏心悦目的造型（这可难不倒他们，因为学校专门开设了插花课）。在敬师典礼上，学生代表把花献给老师，以示尊重。敬师典礼开始以后，学生首先会为老师祈祷。然后，学生唱歌为老师祝福，在学生代表的带领下进行宣誓（忠于国家、好好学习、严格要求自己、遵守班规校纪等）。接着进行敬师典礼中最隆重的环节——向老师献花。学生代表把花束送到老师面前，全校学生跪拜老师。最后，校长对全校学生提出希望和要求。至此，敬师典礼圆满落幕。

以上是我亲身经历的一场泰国敬师典礼。在中国，跪拜已经不常见。当全校学生跪拜在我的面前时，我心里是十二分的紧张和不自在。我想，这应该就属于中泰文化差异的强烈碰撞吧！

（张玲、余明忠：《天下游学·情满五洲——CEAIE-AFS国际文化交流项目30周年随感录精选集》，北京教育出版社，2011。收入本书时有改动。）

案例二：尴尬场面

浙江大学对外汉语教师房岑曾说：韩国和日本的学生有向老师行礼的礼貌习惯，中国学生在教室里这样做，但在教室外就不这样做了。有一次，我在留学生食堂吃午饭，吃的是一碗牛肉面。正当我大快朵颐的时候，从不远处走过来班里的一个韩国学生。他走到我面前，恭恭敬敬地点头行了一个礼，说："老师好！"继而脸上满是尴尬。为什么？因为老师更尴尬！我那时刚捞起一筷子面条放在嘴里，里一半、外一半。他这么尊敬地行礼问候，我是想回答却不能开口！这个学生反应很快，红着脸说："您慢慢吃！"就风一样地跑开了，留下我举着手无奈地晃了晃。

（潘一禾：《超越文化差异：跨文化交流的案例与探讨》，浙江大学出版社，2011。收入本书时有改动。）

【思考】

1. 为什么案例一中的"我"在泰国的敬师典礼上心里十二分的紧张和不自在？

2. 你如何看待案例一中泰国的敬师典礼？

3. 你如何看待案例二中韩国学生的行礼问候？

知识补给 >>>>>>>

文化差异

文化差异是不同文化之间的差别。不同文化相遇时会让人产生冲击、不适、失落甚至冲突等反应，也有可能带来对自身文化的再认识。文化差异可能因宗教界别、种族群体、语言能力、政治立场、社会阶级、性别、年龄代沟、文学修养、艺术认知、教育程度等不同而产生，主要体现在人际关系、价值观与信仰、风俗习惯、语言、礼节与节日以及家庭在社会中的地位等方面。

拓展阅读 >>>>>>>

蓝白色的感动（节选）

AFS国际文化交流项目赴阿根廷交流学生　张弩

在中国，如果你跟一个人说起阿根廷，他会说什么？也许只是足球、探戈、烤肉……这也许是大部分中国人对这个遥远的拉丁美洲国家所了解的全部。阿根廷作为拉丁美洲的一分子，人民的热情和友好自然是少不了的。如果你亲临阿根廷，会发现可以很容易地和这里的人融洽相处。也由于此，我得感谢我在这个国家所居住过的两个接待家庭。接待家庭好客、和蔼的性格让我很快融入了他们，融入了异国他乡的社会。

阿根廷的学生就算是在上课的时候也不能完全安静下来，这部分是因为课堂纪律比较宽松，大家自由讨论的声音总是不绝于耳。下了课，学生就更加难以约束了，大部分人冲向校内的小卖部买各种吃的（也许是因为家里不能保证每天的早餐吧），操场上也聚集了大群学生——爱足球的阿根廷男生怎么可能不趁休息的机会小试一下身手呢！无时无刻不在吵闹，我想这就是这些阿根廷学生的特点吧。

我作为AFS国际文化交流项目的学生，"国际朋友"自然是少不了的，首先认识的就是同在圣胡安（San Juan）的交流生朋友。我们的"领导"是美籍墨西哥裔、从小就会说西班牙语的玛丽莎·埃尔南德斯（Marisa Hernandez），她年龄最大，时常把我们聚在一起，让我们制作各自国家的美食。记得当时我和接待家庭的妈妈帕特里夏（Patricia）费了好大劲，才用自家的锅煮了什锦饭。德国的尼克拉斯·卫斯勒（Niklas Wesseler）是我们的"小巨人"，17岁的年龄，个头就长到了1.92米，只会德语小舌音而不会西班牙语大舌音的他自然闹了不少笑话。住在新西兰的瑞士移民迈克尔·鲍姆博格（Michael Baumburger）总喜欢抱怨别人把新西兰的国旗认成澳大利亚的，还宣称南非人说的是"南非语"而不是英语……当然，通过AFS国际文化交流项目中的集体旅行，我认识了很多来自世界各地的朋友：总是叽里呱啦地聊着天，还会几句中文的美国朋友；有时候严肃、有时候活泼，又非常友好的德国朋友；对我劈头盖脸地提关于中文的问题的好奇的冰岛朋友；异常安静、不爱说话的日本朋友；把指甲涂成法国和阿根廷国旗颜色的时尚的法国朋友；对安徒生貌似不是很熟悉的丹麦朋友；非常擅长民族舞的酷酷的土耳其朋友……在阿根廷的10个月，我不仅拥有了许多本地的朋友，也拥有了这些来自多个国家的"国际朋友"，很让人感到开心。在阿根廷这片神奇的土地上，我们每个人的文化背景得到了汇聚和交融。每个人都长了见识，拥有了非常难得和宝贵的国际友谊。

其实，说到底，最让人难忘的还是阿根廷人的友谊。我看过很多去欧洲国家的AFS国际文化交流项目交流生写的文章，他们在提到来自南美洲的学生时，总是要突出南美洲学生有多么"疯狂"。我承认，刚来的时候，确实对阿根廷人热情奔放的性格感到不适应。其实，也正因为如此，我才能够很快地适应他们的社会。他们从来不会对人冷淡，总是能够想尽办法帮助外国人并和我们做朋友——说到这一点，我还真得感谢他们这种"疯狂"的性格呢！

阿根廷给我的印象，是蓝白色的。蓝色，是一种深沉和广阔。阿根廷作为一个移民国家，拥有接受异邦文化的胸怀。阿根廷人处世待人的热情，绝对可以化解一个异乡人心里的紧张与不安。阿根廷的文化是深沉的，积淀了西班牙殖民者的文化底蕴，吸收了意大利亚平宁海岸的优雅气质，法、德和东欧许多国家的移民在这里找到了舒适的居所。所谓海纳百川，蓝色的阿根廷文化融汇了各种充满特色的文明，几百年来传承了异国人民的友谊。而白色象征的是一种渗透进阿根廷人骨子里的纯洁，也是阿根廷草原居民特有的骁勇善战的精神——推翻西班牙严酷的殖民统治，建立一个自由民主的新移民国家。这让阿根廷人有一种向往自由和正义的心境。白色是圣洁和美好的，象征着阿根廷人所追求的理想化世界。

忘不了，阿根廷人的友好和热情；忘不了，阿根廷令人赞叹的景色；忘不了，阿根廷人充满民族特色的歌舞文化；忘不了，阿根廷人脚下高超的足球技艺；忘不了，阿根廷享誉世界的独特美食；忘不了，阿根廷人的镇静和慢性子；更忘不了，阿根廷在我心中留下的蓝白色的印象。

从刚来到阿根廷时的怯生生，到和阿根廷人自由沟通以及对这个国家景色和文化的自由享受，巨大的变化让我体会到了接受和理解一种异邦文化的快乐。我会把这次阿根廷的交换生活作为我生命中宝贵的经历，让它在我心中永存。

沉醉，阿根廷蓝白色的感动。

（张玲、余明忠：《天下游学·情满五洲——CEAIE-AFS国际文化交流项目30周年随感录精选集》，北京教育出版社，2011。收入本书时有改动。）

实践探索 >>>>>>>>

读完了张弩同学写的《蓝白色的感动》（节选），你是否喜欢上了阿根廷的风土人情以及文中出现的那些来自世界各地的同学？你是不是会张开双臂拥抱阿根廷？先别急，让我们一起来看看张弩同学的另一段经历吧。

说到阿根廷人的性格，有一点真是不得不提——"慢性子"。或许拉丁美洲国家的人是最会享受生活的一群人，他们培养了天生的慢性子。阿根廷人真是一群"能拖到明天做的事，今天就绝对不做"的人，我遇到的中国商人就有抱怨他们这一特点的，说要某天拿的货却总是拖到第二天，第二天又拖到第三天……另外，不守时是阿根廷的一大风俗，有当地人说"在我们阿根廷，迟到是一种约定俗成的习惯，准时到是绝对的无礼"。准时或者稍微早到，对阿根廷人来说是不可能的，这真是难以理解。记得我举行生日聚会的时候，时间定在晚上8点，结果我的朋友中最早是9点到的……

你对阿根廷人不守时的习惯有什么看法？请与你的同伴交流一下吧。

测一测你的文化差异应对风格

以下题目描述了人们在遭遇文化差异的情况下如何考虑自身的感受及如何进行交流。请根据你的第一反应选择你认为最符合你的情况，并将最能反映你的倾向的数字圈出。请参考以下4个选项。

4：非常同意——我就是这样的。

3：同意——跟我比较像。

2：不同意——跟我不太像。

1：非常不同意——完全不像我。

在大部分因文化差异而导致的冲突环境中，我倾向于：

1. 考虑他人的兴趣和需求。	4	3	2	1
2. 我的观点战胜对方的观点，自我感觉良好。	4	3	2	1
3. 关注冲突的过程。	4	3	2	1
4. 关注冲突的结果。	4	3	2	1
5. 认真聆听别人在说什么。	4	3	2	1
6. 坚定不移地提出我的观点。	4	3	2	1
7. 努力作出妥协。	4	3	2	1

8. 对解决冲突的方式非常敏感。　　　　　　4　3　2　1

9. 对保留面子的问题非常敏感。　　　　　　4　3　2　1

10. 一定要保护自我形象。　　　　　　　　　4　3　2　1

【得分】 将所有偶数序号项目的分数相加，你将得到你的个人主义倾向冲突解决方式的分数。你的个人主义倾向冲突解决方式共得（　　）分。将所有奇数序号项目的分数相加，你将得到你的集体主义倾向冲突解决方式的分数。你的集体主义倾向冲突解决方式共得（　　）分。

【分析】 每种冲突解决方式的分数范围为5到20，得分越高，你与对应的冲突解决方式的符合度就越高。如果两个分数比较相近，说明你兼具两种特征。

【思考】 将你的得分和同学进行比较，认真思考以下问题：你的冲突解决方式是如何形成的？你是来自倾向于直接面对冲突的家庭，还是来自倾向于避免发生冲突的家庭？你知道个人主义倾向于直接面对冲突，而集体主义倾向于避免发生冲突吗？如果和你发生冲突的对象的冲突解决方式和你完全不同，你该怎么办呢？

第二节　东西相遇

案例思考

你是否有过被人误解以至于发生冲突的经历？请认真阅读电影《刮痧》的故事梗概并回答问题。

故事发生在美国中部密西西比河畔的城市圣路易斯。许大同来美8年，事业有成、家庭幸福。在年度行业颁奖大会上，他激动地告诉大家，他实现了他的"美国梦"！但是，随后降临的一场意外却使许大同从梦中惊醒。

许大同5岁的儿子丹尼斯闹肚子发烧，在家带孙子的爷爷因为看不懂药品的英文说明，便使用中国民间流传的刮痧疗法给丹尼斯治病，而这就成了丹尼斯的一次意外事故后许大同虐待孩子的证据。法庭上，一个又一个意想不到的证人和他们的证词使许大同百口莫辩，而以解剖学为基础的西医理论又无法解释口传心授的中医学经验疗法。面对控方律师对中国传统文化与道德规范的"全新解释"，许大同终于失去冷静和理智……法官当庭宣布剥夺许大同的监护权，不准他与儿子见面。恼怒的许大同与朋友昆兰之间产生误解和冲突。为让儿子能留在家里得到母亲的照顾，许大同搬出了家，爷爷也决定回国。为了让老人临行前再见孙子一面，许大同从儿童监护所"偷"出儿子，一起到机场送别。受到通缉的许大同带着儿子逃逸，和大动干戈地围追堵截他的警察兜圈子，玩了一场追车游戏，"从容"地在逃亡中享受父子团聚的片刻快乐。父子分离，夫妻分居，朋友决裂，工作丢失……接连不断的灾难如噩梦般降临，一个原来美好幸福的家庭转眼间变得支离破碎。许大同努力多年、以为已经实现了的"美国梦"，被这场从天而降的官司彻底粉碎。贫民区的破旧公寓里，偷偷相聚的许大同夫妇借酒浇愁，抱头痛哭。平安夜，许大同思家心切，只有铤而走险，装扮成圣诞老人，从公寓大楼外的水管向高高的十楼的自己家的窗户悄悄爬去，结果引得警车呼啸而至。

【思考】

1. 你觉得电影中哪些情节容易引发文化冲突？

2. 为什么主人公到美国8年了还会引发这些冲突？这些冲突背后的真正原因是什么？

> 知识补给 >>>>>>>>

文化冲突

不同文化背景的人在面对不相容的价值观、规范、目标和稀缺资源等情形时会产生情感斗争，进而造成冲突。在本章第一节案例一中，作为中国人的"我"因为在泰国受到的礼遇而感到不安；如果你是一名在泰国交流的中国学生，当你被要求向老师行泰式敬师礼时，可能也会产生不安，从而有可能因为拒绝行礼而引发文化冲突。要避免在跨文化交流中产生矛盾，就必须有清醒的跨文化意识，不仅要熟悉本国文化中的各种交际规范，还要了解对方国家的文化习惯及其产生的社会背景，了解双方国家各自不同的文化价值观念和信仰。

文化冲突的原因

价值观的差异、行为规范的差异、习俗的差异、非言语行为的差异都会引起文化冲突。价值观是文化最核心的内容，它决定了人们的行为方式和思想观念。跨文化交际中很多方面的差异都反映了价值观的不同，而跨文化交际中的许多误解和冲突也正是价值观的差异导致的，它对跨文化交际的影响是最大的。行为规范是被社会所接受的道德标准和行为准则，不同文化背景中的人们通常在跨文化交际中用自己文化和社会中的行为规范来判断自己和对方的行为是否合理。不同文化在行为方面有着不同的规范和要求，因此常常会造成误解，阻碍交际的进行。习俗也常常是导致跨文化误解的很重要的原因，不同的文化有不同的习俗，了解不同文化的习俗对促进跨文化交际的顺利进行和提高跨文化交际的得体性是非常必要和重要的。不同文化之间的非言语行为差异也很容易导致文化冲突，眼神、手势、穿着打扮、接触距离等都属于非言语行为。在跨文化交际中，由于不同文化对非言语行为的不同理解，往往会使交流的双方产生误解。

实践探索

《刮痧》多次提到深受中国人民喜爱的艺术形象孙悟空。在中国人眼中，孙悟空勇敢正直、爱憎分明，是奋起反抗的典型代表人物。但是在美国举行的听证会上，这个中国式英雄却被美国律师描述为大闹天宫、偷蟠桃、盗仙丹的危险分子。这场听证会上关于孙悟空的激烈辩论以许大同的一句"你对中国文化一窍不通"结束。

【思考】

1. 孙悟空在你心目中是一个什么样的形象？

2. 影片中的美国律师为什么把孙悟空描述为大闹天宫、偷蟠桃、盗仙丹的危险分子？你认为孙悟空和美国文化中的英雄人物蜘蛛侠、超人有什么不同？

3. 如果你有机会向外国人讲述孙悟空的故事，你会怎么讲述呢？

第三节 "礼貌"莫名

案例思考

美日高科技专利谈判会议上的冲突

在美国和日本之间进行的一次高科技专利谈判会议上，美方技术人员通过图表说明、电脑辅助计算、幻灯演示各种数据和资料等方式，花了将近3个小时，将那些烦琐的程序完成了一遍。

演示完毕后，美方主谈判人望着自始至终安静地坐在一旁的日方代表，充满期待地询问："请问……你们认为怎么样？"

一位日方代表彬彬有礼地站起来，面带微笑地回答："我们没看懂。"刚才还信心十足的美方主谈判人脸色立刻变了，他参加过许多次谈判，却还没有人说过"我们没看懂"这样的话。他急忙问道，他们说没看懂是什么意思？看不懂什么呢？

另一位日方代表礼貌地微笑着说："全都没有看懂。"

美方主谈判人没想到日方代表来这么一手，只能耐着性子继续问："请问你们是从哪里开始看不懂的？"

第三位日方代表慢条斯理地回答："也就是从演示一开始吧。"

美方主谈判人像泄了气的皮球，一下子瘫在沙发上，喘着粗气问道："那么你们希望我们怎么做？"

日方代表异口同声地回答道："请你们重新演示一遍。"

近3个小时的复杂演示要重来一遍，这对于操作方来说无疑是一种折磨。最后，美方代表只能在精疲力竭的情况下匆匆达成了协议。

（［美］乔舒亚·N.魏斯：《哈佛谈判课》，李欣译，中国青年出版社，2013。收入本书时有改动。）

【思考】

1. 当日方代表彬彬有礼地站起来，面带微笑地回答"我们没看懂"的时候，为什么美方代表会有那样的反应？

2. 如果美方代表面对的是你和你的同学，当你没有听懂美方代表准备的演示时，会作出什么样的反应？为什么？

知识补给 >>>>>>>>>

以下两种方式可以帮助我们较好地处理跨文化冲突。

认真聆听

认真聆听并不是一种简单的能力。在冲突情境中，聆听不仅仅是对语言信息的接收，还要关注对方的语音、语调、姿势、动作、表情，甚至沉默。善于聆听的人往往擅长面子管理，在认真聆听的过程中让对方充分感受到自己被尊重，从而为冲突的解决打下基础。

文化同理心

文化同理心通常是人们在经历不同文化之后习得的一种能力。在跨文化体验过程中，人们意识到同样的初衷可能会有不同的表现，而不同的初衷也可能会有相同的表现，从而学会识别、欣赏不同的文化。

要提高文化同理心，可以考虑以下方法：①在跨文化冲突过程中，省察自己对对方的文化有没有刻板印象或文化偏见；②千万不要不懂装懂，要让对方把问题说明白；③不要轻易下结论，想想 DIVE 理论，向对方求证你的理解是否正确；④抓住冲突的核心，尽量不要关注细枝末节，避免引发新的冲突。

拓展阅读 >>>>>>>

东渡日本

AFS 国际文化交流项目赴日本交流学生　邱倬琳

有人问我："与日本人接触需要注意些什么呢？"在几个月的交流生活后，我应该可以回答这个问题了。所以我迅速敲下几行字："别人说话的时候，认真简单附和；注意卫生；不要发出噪声；见到熟悉的人一定要问好，因为他一定会向你问好，所以你没有时间犹豫；人与人之间相处要有一定的距离，不分长幼与性别；不会的东西一定要先问清楚，没有人会嘲笑你；相较于中国人，日本人更敏感；不要相信日本人说的'没关系'！"这些都是我和日本人朝夕相处几个月得来的经验。

其中，最让我感到不适的是"日本人的敏感"。有时，我的举动或者话语，会让身边的人脸色突然阴沉下来或者突然向我道歉。事后才发现是误解引起的，但又不好意思解释，因为"解释"被日本人认为是一种不礼貌的行为。所以有人说，如果没有超越或者达到日本人那种敏感的程度，就无法真正体会到日本人的敏感。外国人如果没有真正充分理解日本人的习俗、没有达到日本人那样的敏感，即便拿到日语一级证书、能明白字面上的意思，也并不明白其中的"弦外之音、话中之话"。相反，如果真正充分理解日本人的习俗、具备日本人那样的敏感，即使不懂日语，也可以从语气和表情等方面体会到其中的含义。

生活，你予我情书

AFS国际文化交流项目赴日本交流学生　刘天心

之前曾听人说，日本人很含蓄，就算内心非常喜欢你，表面上也会故作淡然。最开始我挺困惑，也挺委屈，想着是不是班上的同学不喜欢我，为什么不和我聊天呢（当然语言不通也是一个原因）？后来发现，其实班上所有的同学都很欢迎我，只是不同的人有不同的表达方式。以下为今日感动瞬间。

（1）茫然面对班级里放置的五六个垃圾箱，不知如何投放垃圾。本来已经丢完垃圾离开的小哥哥看我这样，倒退回来帮我把垃圾放入正确的垃圾箱中。虽然我们没有交流（我想是因为他英语不太好），但是他满满的善意足够让人动容。

（2）班主任老师怕我找不到去车站的路，请一个同去车站的男同学带我去。因为我有许多问题要在放学后和老师沟通，他等了我很久，却一直笑眯眯的。同行的路上，我们相谈甚欢。

（3）回到学生公馆后，我发现手机通信软件LINE上有许多同学加我为好友，问我第一天感受如何，还说很喜欢和我聊天，并表示如果我有困难可以找他们。我进入了班级群，可爱的表情包后面是同学们的爱意。在手机上和他们用英语聊天一下子变得顺利了起来。

实践探索 ▷▷▷▷▷▷▷

邱倬琳同学和刘天心同学都是赴日本交流学生，他们对日本的认识是否一样？你能从中找到什么样的日本文化呢？面对与中国文化不一样的日本文化，两位同学的表现有哪些值得借鉴的地方呢？

在案例思考"美日高科技专利谈判会议上的冲突"中提到，日方代表彬彬有礼的表现却使美方代表感到无所适从；在拓展阅读"东渡日本"中，邱倬琳同学提到"解释"被日本人认为是一种不礼貌的行为。请和你的同学一起深入研究一下，在日本社会中，到底什么样的表现才被认为是礼貌的呢？

延伸阅读 ▷▷▷▷▷▷▷

探寻生活与内心的真实，无问西东（节选）

AFS 国际文化交流项目奖学金获得者　丁希之

认知与怀疑

人的认知经常是受到限制的，通常，我们所听到的一家之言难以确切地表现出事物本身的面貌。所以，我们自己的思考也会受到诸如此类的限制。我们只能在日后的不断阅读、经历中扩充自己的认知，用思考与怀疑完善自己的思想，形成成熟的价值体系。

这种"半生不熟"的怀疑主义是我当下思考的特征，这里与诸位分享的种种观点只是我个人依然需要改进的看法，若有存在问题的地方，欢迎大家交流讨论。我会在今后的学习生活中不断完善，让自己的思考更加缜密、全面。

文 化

在不同文化背景下长大的人们汇聚一堂，多了许多值得深思的事。文化差异是永恒的话题（图4-1）。

西欧人与北美人的文化有着很大的交集，他们的价值观与幽默感都非常相似，平日里相处中的融洽显而易见——有聊不完的共同话题、可以相互理解的玩笑话，甚至饮食

图 4-1 丁希之（右三）与同学合照

习惯、作息规律、言谈举止都有几分相似。但当这种欧美文化遇到桑巴文化时，沟通交流就有了一定的障碍。当"物以类聚，人以群分"的规律发挥威力时，双方的小群体就难免有些"井水不犯河水"的意味。但来自地处南北美交会处的墨西哥的同学却能够同时与两边打成一片，既能与来自欧美的朋友们开着旁人听不懂的玩笑，又能合理地与来自南方的热情的同学打交道，让我在羡慕他的游刃有余的同时，也不禁对地域文化的融合开始有所思考。

相对而言中国学生更加谦虚、腼腆，并不经常担任谈话中的引领者，却常常是很好的聆听者。我们并不那么擅长表达自我，还会受传统观念的影响而避免肢体上的接触，但心思缜密、善解人意、随和的性格特点让我与同行的4位同学收获了认可与友谊。蒋梦麟老先生曾说过"当把中国的传统文化了解得越深时，对西方文化的了解就越容易"，这的确是行得通的——从古人的文章里读到的为人处世的道理的相似之处，被我从西方朋友的看法中找到了；而当我依照流传下来的礼貌、尊重尝试着践行"己所不欲，勿施于人"等道理时，得到了

所有人的认可和赞扬。

其实，将文化差异反着想，同样能有所收获。

代表着不同文化的人之所以能够和睦相处，最为关键的并不是文化间的差异，而是文化间的交集。和平友好、活泼开朗、好学求知等品质，从来不是任何一种文化的特征，而是人性共通的一部分。当思考人性的特点时，曾经浸泡在自己的国度中的我犯下过将中国文化与人性混为一谈的错误。而如今有了为期一个月的珍贵见闻与回忆，我能很好地利用这块"跳板"，客观地认识中国文化对人独有的塑造与影响（图4-2）。

图4-2 丁希之（右四）与同学一起参与活动

当然，我们不能简单地将不同文化的交集归结为人性所致——不同文化中被公认的部分在交流中交融，形成了共同的价值观。这种价值观渐渐成为世界文化的一部分，与地域独有的文化一样，在每一个人身上留下痕迹。

然而，世界文化与人性如何区分以及世界文化是否可以归纳为人性的一部分等随之引出的话题与问题，都值得更加深入地思考。

第五章
跨文化适应

导 读

当人们来到异国他乡时，绝大多数人会经历心理上的困惑或失落。这种感觉往往来自人们在全新的环境中所遇到的不同于那些习以为常的做法、价值观等带来的冲击。而这种冲击又威胁到人们潜意识里最基本的自我肯定，即自身既有的文化、社群及其伴随的一切总是对的。也就是说，当人们所熟悉的参照物——小到日常琐事大到信仰体系——在新的生存环境里逐渐淡化、消失时，剩下的就是一种失落。

如何走出失落回归正常？本章介绍了心理舒适区、文化休克等概念，通过几位同学在美国、日本、德国的跨文化经历向同学们展示了他们走出心理舒适区、经历文化休克，最后适应跨文化环境的历程。让我们共同感受他们的成长和蜕变吧。

第一节　舒适人生

> **案例思考** ▶▶▶▶▶▶

什么样的环境会让你感到身心放松、无比舒适？如果换了完全陌生的环境，你通常会怎么表现？我们一起来看看杨子墨同学的经历吧。

寄往太平洋的一纸心事

AFS 国际文化交流项目赴美国交流学生　杨子墨

初到学校时，我自然是经历了无比尴尬、孤独的处境：同学说的笑话听不懂；老师留的论文写不完；拼命想融入同学们的小团体中，却无数次默默退出……这样的情况在国内从未出现过，它使我的自尊心受到了极大的打击。而和我同校的意大利交流生却好友无数，在学校中如鱼得水。我努力去改变这样的状况，但是我融入不了美国人的圈子中。在最黑暗的一个月里，我甚至把问题归结到黄种人和白种人之间的人种差异。

【思考】

1. 针对杨子墨同学的经历，你有什么好的建议？

2. 你是否有过杨子墨同学那样的经历？你觉得杨子墨同学该怎样走出困境呢？

杨子墨的决心

AFS 国际文化交流项目赴美国交流学生　杨子墨

直到有一天，我的意大利朋友给我发来了一段话："What you are going to do this year in America is not traveling and having fun, but building your second life. Treat it seriously, make it memorable.（你将在美国度过的这一年，不是旅行和享乐，而是建立你的第二个人生。认真对待它，让它刻骨铭心。）"我终于明白了什么叫"一语惊醒梦中人"，是啊，这是我的第二个人生！在国内的15年中，我的家人、老师和朋友帮我构建了我的生活方式、朋友圈、舒适区，而在美国的这段时间内，我也要拥有完整、美丽的第二个人生。只不过这次，我只有自己，我只有10个月的时间（图5-1）！

图5-1　杨子墨（左四）与同学合照

知识补给

心理舒适区

心理舒适区(comfortable zone)，是指人们习惯的一些心理模式，是人感到熟悉、驾轻就熟时的心理状态。在这个区域里，人会觉得舒服、放松、稳定、能够掌控、很有安全感。一旦走出这个区域，人们就会感到别扭、不舒服或者不习惯，甚至是焦虑、恐惧。

在学习和生活中，我们会不断地设立新的目标。新目标一旦设立，就意味着我们要走出原来的心理舒适区，打破原有的"圈子"，挑战原有的能力结构、资源范围、知识水平，也意味着构建新的心理舒适区。当旧的心理舒适区被打破、新的心理舒适区建立起来时，目标就会达到，我们的心理舒适区也将会扩大。走出心理舒适区、不断成长是生命的本能，社会的变化、时代的发展需要我们不断提高自己适应变化的能力。

拓展阅读 >>>>>>>

构建新的心理舒适区（节选）

AFS 国际文化交流项目赴美国交流学生　贺雨洲

去异国他乡交流学习是不可多得的人生机遇，于我而言，这更是一项挑战。交流生的模式充满了各种挑战，这也是交流与留学的主要区别。作为留学生，首要目的是学习，其他因素都是为辅助学习而存在的。对与学习没有实际意义的事，如社交、旅行、理解文化，都不是留学的必要因素。而交流生做的第一件事，就是打破一个人的心理舒适区。累了一天回到家倒头就睡，和同龄人永远有共同话题，想吃什么都可以试着去做……就是这些不起眼的小事，组成了一个人的心理舒适区。在心理舒适区的支持下，每个人有自己的生活习惯和社交范围。而国际文化交流却把组成你的生活的这些基本元素彻底分离，然后把你带进一个完全陌生的环境。在这里，你要通过观察和思考来改变自己，从而创造一个新的心理舒适区。这个过程极其困难，要经历文化差异、地域理念、民风民俗、思想观念等很多几百年来横亘在两个国家之间的难题，甚至要直面种族、历史等问题，这些看似深奥，但在日常的交流和学习生活中随处可见。当你面对这些问题时能够做到从容不迫，先充分理解后妥善解决，新的心理舒适区就构建完成了。在被问到为什么选择做交流生时，我一定会提到"国际视野"和"全球性人才"，这也是我对新的心理舒适区的理解。正是因为在异国他乡生活过、思考过并最终适应过，今后涉及国际事务甚至与外国人直接交流时，我才有可能从"当地人"的角度出发去思考问题，从而消除文化差异等导致的盲区。

创造心理舒适区的过程是艰难的，却也是受益颇多的，这里我把它分为被动与主动两个部分。被动的受益来自生活的必要性，最明显的莫过于语言。日常传递信息、上课理解知识、网上查阅资料，都必须过语言关。语言的适应主要是被动的，是一个从知识到条件反射的过程，从一开始的遣词造句到后来的脱口而出，过程不过就是多听多说。而受益也是烙印式的，如回到国内下了飞机之后，我哪怕知道自己在中国，却经常说着英语而浑然不觉。主动的受益是对生活品质的追求，比如交流。语言是传递消息的工具，而交流却是思想的碰撞。如果想要拥有属于自己的社交圈，交流是必不可少的。为此，我要熟悉当下流行的话题，并对当下发生的事情有自己的看法。这要求我有足够的经历，对谈及的事物有基本的概念。和同龄美国高中生交流，我需要一些关于音乐、竞技体育、电子游戏的知识；而如果是和成年人交流，我需要与电影、小说和烹饪有关的知识。在交流的最后一个月，我已经把与美国人面对面交流当成一种享受，这也是心理舒适区构建成功的体现之一。交流生的重要受益是改变自己的能力，面对截然不同的环境与未知的艰难险阻，在无法改变他人的前提下，培养自己的能力，克服心理障碍，融入当下的环境。

实践探索

在北本德（North Bend）度过快两个月的时间了，我充分感受到了文化差异带来的冲击，美国人完全独立自主的个性和中国人时常顾及他人和全局的个性十分不同。有些跟我选相同课程的同学在刚认识的时候会热情地跟我打招呼，这让我觉得十分温暖和开心。但一段时间后，我发现大家之间的关系好像仅仅停留在打招呼的阶段。美国人的宗旨就是把自己管好，别人的事情不在自己的考虑范围内。他们如果遇到求助会很积极地帮忙，但是自己绝对不会主动管别人的事，这让从小生活在社会主义大家庭中、讲究集体主义精神的中国人实在很难接受。举个例子，我的接待家庭的姐姐杰西卡（Jessica）就是一个很典型的美国女生。每天早上上学，我都会跟她一起去图书馆，她有一个要好的朋友会跟我们一起去。在这段时间，杰西卡会一直跟她的朋友聊天，但是不会跟我讲一句话。如果是中国人，多少会顾及我的感受，但美国人的直线思维让他们不会考虑这么多。我现在能理解为什么中国人出国后喜欢抱团了，可能很多人尝试过和外国人交朋友，但文化的巨大差异最终让大家都很尴尬。但是反过来想，如果只想和中国人交流，那我们为什么要选择出国呢？

【思考】

1. 文中提到的中美文化差异有哪些？你怎么看待这些差异？
2. 遇上与自己的文化和价值观不同的人，你该怎么办？
3. 出国交流到底应不应该跟自己国家的人抱团？为什么？
4. 在你升入高中、进入大学或走向职场时，你都会经历全新的环境，走出原有的心理舒适区。你认为走出原有的心理舒适区的关键点是什么？和你的同学一起讨论吧。

第二节　文化休克

案例思考

案例一：日本纪事

AFS国际文化交流项目赴日本交流奖学金获得者　江佰臻

我们一行8个同学，来自全国各地，湖南省只有我一人。尽管只有8人，但是我们代表的是中国、代表的是中国成千上万的中学生，我们应该团结互助、文明礼貌。从离开国门的那一刻起，我们不忘自己来自文明礼貌、繁荣强大的中国！我们到日本是为了学习日本的现代文明和进步文化，我们时刻想着出国前老师讲的话、牢记到日本学习的目的，我们是两国文化交流的小使者。可是，当飞机越过东海和日本海降落在东京成田机场之后，接下来发生的事情让我开始感到困惑，原因就是遇到了语言障碍，这无形中给了我当头一棒。

离开中国前，我是长沙外国语学校高一日语班的学生，虽然已经开始上日语课，但仍然是基础阶段。可是，一下飞机，日语就像暴风雨一样铺天盖地地向我袭来，他们的机场喇叭广播的是日语，他们互相之间进行交流的语言是日语，最尴尬的是我的接待家庭的爸爸妈妈说的也是日语。那个时刻，我心里很乱很乱，想到自己什么都听不懂，将来怎么在这个家庭里生活、怎么跟日本的同学一起学习呀？我会不会被日本接待家庭的爸爸妈妈瞧不起呢？想起这些，我不知道自己该如何面对新生活。

案例二：意料之中的困难

AFS国际文化交流项目赴美国交流学生　张涵

对于意料之中的困难，我多多少少有了些准备，可亲身的经历跟老师讲的总有那么一些出入，几个深呼吸远远不能解开心中的烦闷与伤感。最先遇到的难题就是沟通。原以为我只要大方一些，就不会有问题，可没过几天就突然有被孤立的感觉。不是他们不友善，只是不适应英语交流的我根本融入不了他们的谈话。最开始他们会很热情地用很慢的语速问我关于中国、关于AFS国际文化交流组织的情况，但之后的话题无疑会转移到他们熟悉的事物上，那时我就只好沉默。正因为这样，一连串的问题也就接踵而至了：上课听不懂，成绩不好，交朋友困难……连出去看电影、吃饭都成了一种折磨。因为什么都不懂，我就像一个摆设，宁愿把自己关在屋里上网，不让任何一件事提醒我，我现在在一个什么都陌生的地方，不想承认孤独。

【思考】

1. 案例一中的江佰臻同学碰到了什么问题？

2. 出国前后的江佰臻同学思想上经历了什么样的变化？

3. 案例二中的张涵同学碰到了意料之中的困难，你能帮他续写后来的故事吗？

知识补给 >>>>>>>

以上两位同学身上发生的这类现象，在跨文化交流中被称为"文化休克"。

什么是文化休克

文化休克也叫文化震荡。奥伯格是这样定义的：文化休克是指由于失去了熟悉的社会交往符号而引起的焦虑。这些符号包括许许多多我们熟悉的日常生活情景的线索：如何发出命令，如何买东西，在什么时候和什么地点进行回应。这些可能表现为语言、手势、面部表情、习俗或规范的线索是我们在成长过程中习得的，正像我们所使用的语言和所接受的信仰一样，是我们的文化的一部分，我们所有人的心灵平静和工作效率都依赖于这些线索。然而，对于大多数线索，我们并没有意识到。文化休克甚至会引起病态性的身心反常：像孩子一样心里存不下事，会因为一点小事就"抓狂"；无比焦虑，思绪飘忽，时常目光呆滞，陷入一种无助、失魂落魄的心理状态。

文化休克的价值

文化休克不是病，而是一种深刻的学习过程和体验，它可以使个体提高自我意识、获得个人成长。虽然文化休克有可能与疾病和病态相关联，也会在相关条件下引起不良反应，但若能克服困难、实现对新文化环境的适应，则会因此获得更大的自我价值。

学习了文化休克，如果你在跨文化交流中遇到类似问题，会怎么做呢？接下来，我们来看看张涵同学是如何克服困难的。

后　来

AFS 国际文化交流项目赴美国交流学生　张涵

但我很庆幸人有傲气，有一种不服输的精神。有那么多的华裔做榜样，我不相信我不能克服他们经历过的困难。于是，即使听不懂，我也认真听。渐渐地，我熟悉了他们的语音语调，也知道了他们大概喜欢谈什么样的话题。中午，我会走到任意一张有同年级同学的饭桌前，得到他们同意后坐下，便主动跟他们说话。一旦有了主动权，谈话就跟着我的思路继续下去，让我有更多时间准备。听不懂，就笑着请他们再说一次，或者换个方式解释一下。实在不行我就耸耸肩，接着谈其他的事。只要我不给沉默任何余地，每次交流都会轻松自在。之前担心的他们对外国学生的种种偏见都是自己瞎猜的，只要我不拒绝，他们就会热情地帮助我。表演课上，每次我都主动请别人当我的搭档，而且尽量跟每个人都合作一次，这样才不会让任何人觉得我不可靠近。跟比我低两个年级的同学一起上英语课，我也不会因为问他们简单的英语问题而觉得没面子。相反，有时候这会成为一种乐趣，大家因为一些弄巧成拙的笑话而开怀大笑，或者从我这里模仿一些中文的词语，然后装作对中文很在行似的跟我用中文"交流"。课堂的气氛没有因为陌生的我而沉默，反而有更多人积极发表意见、说明、解释，让我更容易理解。朋友一天天多起来，我便得到了更多的帮助，学习也有了大幅提高，考试甚至得过最高分数A+，这使我信心倍增。因为高一、高二、高三的课都有，我认识的人突然变得到处都是。学校的舞会上，我有好多舞伴，跟好朋友一起时或者看到有认识的人站在一边时，就拉起他们的手一起随着节奏舞蹈。音乐没有国界，那一次舞会让我重新找回了我的热情，也拉近了我的心与美国朋友的心的距离。这让我有一种释怀的感觉——我已经被接纳了。

跨文化交流遭遇文化休克的症状

- 过度关心饮水与食物的品质。
- 过度依赖来自同文化的人。

- 动不动就洗手。
- 心不在焉。
- 无故失神。
- 常有无助感。
- 容易为小事动怒。
- 拒绝学习目的国的语言。
- 情感上排斥当地人。
- 过度强调自己的文化归属。
- 思念家乡。
- 常感到寂寞和闷闷不乐。
- 常有畏缩与沮丧情绪。
- 缺少信心。
- 缺少耐心。

跨文化交流遭遇文化休克的种类

语言交流障碍：陈国明在专著中举例说，西方国家路边的一个年轻女子问路过的中国男生"Do you have the time"，中国男生可能以为她是不正经的女人。其实这句话的意思与"What's the time（现在几点了）"一样，她只是想问一下时间。一个外国男生对刚认识不久的中国男生兴冲冲地说"What's up（在忙什么呢）"，中国男生以为他问的是"天上有什么"，其实他只是友好地打个招呼。

生活方式差异：许多中国留学生到了国外，对新的饮食不适应，觉得天天吃西餐让人反胃。有的中国留学生对西方"自顾自"的个人主义文化习惯不适应，如作业做不出时觉得没有同学可以讨论。许多西方人都习惯完全靠自己解决问题。有的中国留学生对西方人口相对少的生活环境不适应，如觉得生活"过于冷清"，无聊、孤单极了，同时对人家热衷的话题和活动都"融"不进去。

角色转换：许多中国留学生在国内是班里的学霸，但是到了国外却发现自己的成绩处在难看的等级，于是原来性格开朗的他们，逐渐变成了总是躲避他人的"闷罐子"。而有些在国内很内向的学生，到了国外发现完全脱离了原有的评估体系，于是完全释放了自己的能量，很快变成了"新人"。还有很多其他例子，如有的中国留学生为了适应美国式的个人主义文化，与在国内时的情况相比发生了很大的改变。

政治和社会体制不适应：中国的体制有什么优势？集中力量办大事。这类说法对一个中国人或者一个东亚人来说比较好理解。集体主义文化的好处和弊端我们都清楚，也知道如何应对和调节，但对一个生活在个人主义文化中的人而言，集体主义文化的许多情况就变得不仅匪夷所思，而且无法接受了。生活在集体主义文化中的人到了个人主义文化中，也同样会出现不适应。

（潘一禾：《超越文化差异：跨文化交流的案例与探讨》，浙江大学出版社，2011。收入本书时有改动。）

实践探索

你还记得你升学或转学之后的经历吗？当时是什么样的情形？后来你是怎么度过的？和你的同学们一起分享吧。

第三节　遛狗的客人

案例思考 >>>>>>>

以礼相待

AFS 国际文化交流项目赴德国交流学生　戴梦蓉

我的接待家庭在德国南部的一个小镇上，我们有自己的院子，饲养了很多动物，有马、猫、狗、鸡、鸭等。虽然是发达国家的城镇，但让我有种来到中国农村的感觉。在我来到这个家庭之后，他们给我安排了一项任务——遛狗。一开始我对这样的安排很不满意、很不理解，认为这是歧视我、让我干粗活。在经过一个月的挣扎后，我终于鼓起勇气跟接待家庭"谈判"，问他们为什么要安排这样的活儿给我干。我接待家庭的妈妈听到我的问题后非常诧异，她不知道我为什么会有这样的疑问。

原来，在德国人的家庭观念中，如果你是家庭的一员，自然就要承担家务，而遛狗是家务中最简单、最"体面"的一项任务。德国的接待家庭接待了我，就很自然地把我当作家庭的一员。而给我安排这样的任务，是觉得我是来自中国的交流生，要以礼相待，所以没有让我干刷碗洗盘子的杂事，而是把遛狗这件在他们眼中"更愉快"的家务活儿安排给我。

【思考】

1. 你会把遛狗的任务安排给你的客人吗？为什么？

2. 如果你的家庭即将接待一名外国学生，你会如何安排这名学生在你家的生活呢？你怎么做到"以礼相待"呢？

知识补给 ▶▶▶▶▶▶▶▶

跨文化适应

　　跨文化适应是一种社会行为，发生于跨越两种不同文化之际，人们在其间学习陌生文化的道德规范、语言习俗等，最终适应并且接受陌生文化，形成多元文化背景。跨文化适应的过程是人们面对陌生文化环境带来的压力，不断作出自我调整，逐步适应新的生活方式，最终形成跨文化认同的过程。

拓展阅读 ▶▶▶▶▶▶▶▶

"蝌蝌啃蜡"和可口可乐

　　跨文化适应不仅仅体现在日常起居上，在现实生活中，特别是企业要发展时，只有做到跨文化适应，也就是我们常说的本土化改造，才有可能取得成功。

　　1987年，美国在中国开设了第一家西式快餐连锁店。开店以来，他们坚持做到员工100%本土化并不断投入资金、人力，进行多方面、各层次的培训，还聘请了一些中国专家作为顾问。进入中国市场以来，他们的快餐产品从纯西式快餐发展到兼顾中式快餐，取得了巨大的成功。与此同时，有着悠久历史的中国餐饮走出国门，遍布世界。如今，在国外的中餐也加入了很多当地人喜欢的元素，受到当地人的欢迎。

　　早在20世纪20年代，就有一种美国饮料进入了中国市场，当时被翻译成"蝌蝌啃蜡"。这种饮料在美国非常受欢迎，销路很好。但是在中国却很少有人问津，销路很不好。于是，这家公司开始征求新的译名。其中一位征求活动参与者是华人作家蒋彝，他翻译的"可口可乐"得到了认可。此后，这种饮料打开了在中国的销路。

可口可乐在中国之所以畅销，不仅仅是因为译名符合中国人的思维方式，还因为在中国生产的可口可乐改进了原来的配方，更适合中国人的口味，在包装上也融入了中国的文化。例如，一组2008年北京奥运会的吉祥物"福娃"就出现在当年可口可乐的包装上，深受中国人尤其是小朋友的喜爱。这些都是在跨文化交际中相互认同、相互接纳、相互融合的结果。

实践探索 >>>>>>

设计宣传方案

请同学们选择一种食物，并选择某个国家或国内的一个城市，根据当地文化设计宣传方案。

设计宣传方案时，既要注重原有的文化，又要关注当地文化；既要关注食物自身的特点，又要关注当地的风俗习惯；既要保持自己的特色，又要与当地文化和谐相融。请和你的同学们交流各自的宣传方案吧。

延伸阅读 >>>>>>

远行是偏见的天敌

AFS 国际文化交流项目赴意大利交流学生　魏来

有很多人问过我做交流生是一种什么样的经历，我一直没有给出令自己满意的答案。有时我会回答是想痛痛快快地玩，有时我会回答只是想出去，有时我也会回答就是想逃避当时认为刻板而又无用的学习。其实这些都对，但又都不全面。我现在觉得最认同的答案，应该是在远行中学习与成长吧。

我小时候，爸爸由于工作原因，每年绝大多数时间在外出差，只有我和妈妈在家。虽然家中常年少了一个人，少了一份厚重的父爱，但我是被妈妈呵护得非常到位的"花骨朵儿"。除了做交流生的经历，我在大学以前从来没有住过校，甚至自己一个人出远门都是很少有的事，身边必须有一个可靠的人带着我，妈妈才会放心。正是这样的生活环境，造就了我当时的性格。当时的我是一个表面上不很叛逆，但是心中对现有一切都充满抵触、反叛情绪的伪乖乖男。为什么会是"伪"乖乖男呢？因为我知道那些情绪如果释放出来会伤害自己，也会伤害他人，所以我必须隐藏那些情绪，以免伤害到周围的人们。但那些刻意隐藏的情绪就像充满辐射性的核废料一样，如果一直埋在心里，会影响到思想和行为。当时的我就深受其害，对身处其中的教育方式深恶痛绝。虽然表面上看，我每天上学都不迟到、不早退，尊敬老师、团结同学，按时完成功课，但那些都只是我敷衍老师、敷衍妈妈的方式。中考前需要打基础、勤奋学习的时间被我混过去了，于是我以一分之差与省重点高中擦肩而过。

原来的我就是那样一个充满偏见的孩子，对事情的看法很片面，对问题的处理也很武断。可是我在经历了10个月的国际文化交流后，用妈妈的话说，"就像换了个人似的"。马克·吐温曾说过"远行是偏见的天敌"，在我看来，正是AFS国际文化交流项目这个远行的机会给了我自我纠正、自我成长的能量。

刚到意大利的时候，我如同一只出了笼的鸟儿，整天想着法儿、变着花样地玩。而我的意大利家庭对孩子的管理方法正是很多书中写的外国式的"放养"，他们充分尊重我的选择，让我安排自己的课余时间，不仅支持我根据自己的兴趣爱好去参加俱乐部，更是在周末、假期带我参加各种有意思的活动，有时是去山上徒步，有时是去海边吹风，有时是去看各种展览。我每天的生活都过得非常充实、开心，简直就是精彩纷呈。

随之而来的是文化差异问题。在意大利，语文课一般分为两个部分，一部分是语文，另一部分是哲学。哲学会潜移默化地融入日常交流中。有时我能察觉到外国朋友处事和社交背后都若隐若现地有哲学思想作为支撑，哲学让他们在行为和言语中透露出一种充满文化底蕴的自信。虽然国内的教育为我的数理化等课程打下了比较坚实的基础，让我在理科课堂上有着很好的接受能力，但这些理科知识在跟小伙伴们的日常交流中却使不上。在与他们的相处中，我有时感觉无法很好地理解他们的处事逻辑，有时会怀疑自己的处事模式，这些都让我感到与他们格格不入。于是，我自发地开始阅读那些从小甩在一旁的西方名著，如《巴黎圣母院》《红与黑》《茶花女》等，希望能从书中了解他们的文化和历史，以便更好地理解他们的思想和行为模式。同时，我跟着《百家讲坛》学习中国先秦诸子的智慧，还有《易经》中蕴藏的中华文化的哲学思想，希望能从我国先贤哲人的笔墨中深刻认识到自己民族的处事和行为的逻辑。那段时间，我看了近30本世界名著，100多部优秀电影，还有《易经的奥秘》《于丹〈论语〉心得》等《百家讲坛》关于先秦诸子的系列节目。在阅读和学习中，我慢慢理解了外国人的哲学与逻辑，也更加明白了我们中国人自己的文化与信仰，这使我的思想更加包容开放，也使我更容易与人相处。后来，我逐渐融入了班级、融入了当地的朋友圈，有了自己的一群好朋友。

　　回忆这段文化交流的经历，我看到了自己的成长，意识到之前抵触学习的愚蠢。虽然中国的教育形式不完美，但它在我们不知道学习的重要性的时候，用文化的精华洗礼和熏陶还未经世事的孩子们。我在经过了10个月的文化交流后，真正理解了教育的意义。这个时候，教育形式对我来说已经不重要了。我曾经有过要一走了之、出国逃避这种教育的想法，但在体验过国外文化和中国文化的不同后，我意识到人只有在完成自我认知后，才能更好地理解他人和世界。认识自我是一个人对文化和思想有全面认识的基础。我决定回国完成国内的教育，研究生阶段再进入西方教育体系学习，接受不同教育方式的培养。我认为这样教育出来的人更全面，也更能避免走向偏颇。按照之前的目标，我一步一步实现了它们。我现在已经从美国加州大学尔湾分校研究生毕业，回到上海工作。每每与人谈起与AFS一起走过的经历，我都心存感激。作为AFS人，我无比自豪。

第六章
跨文化沟通

导 读

　　跨文化沟通是当今世界的一个重要特征。在经济全球化时代,跨国、跨文化的交往活动日益频繁,不同文化背景的人的跨国往来与日俱增。

　　如何进行有效的跨文化沟通?影响跨文化沟通的因素有哪些?如何培养跨文化沟通能力?本章通过介绍我国中学生走出国门,在美国、德国、意大利、丹麦、巴西等国家进行跨文化沟通的典型案例,向同学们展示了不同的文化环境中不同的沟通方式、风格和习惯,包括在家庭中的对话、与朋友的交往以及课堂教学的各个方面,以此帮助同学们建立进行有效跨文化沟通的基本意识。

第一节　How are you doing（你好吗）

> **案例思考** >>>>>>>

你是否有过和外国人沟通的经历？在和不同国家或不同民族的人沟通时，你是否产生过困惑或不解？你是怎么解决的呢？我们一起来看看下面这些同学在和不同国家的人沟通时发生的"囧事"吧。

案例一：How are you doing 在美国

AFS 国际文化交流项目赴美国交流学生　贺雨洲

听到"How are you doing"，如果你是一个忠实的《老友记》粉丝，一定第一个想到乔伊（Joey）。这家伙总是用"How are you doing"跟女生套近乎。这句话直译就是"你好吗"，延伸一下可以说"你感觉怎么样"。我在看《老友记》时只把它当作笑点，没有想太多东西。

下了飞机看到AFS国际文化交流项目的工作人员，我当然会有一番自我介绍。之后，她的第一个问题就是"How are you doing"。我很认真地开始回答：飞机非常舒服、很宽敞，出了机舱感觉空气很清新、阳光很温暖……结果发现她已经在和我的接待家庭的爸爸说话了，当时我没在意这个细节。

每天上学，和别人打招呼必被问"How are you doing"，我每次都要想一想怎么回答。如果在中国，一个人问你"今天感觉怎么样"，是一种想和你聊一聊的问法；但是在美国，当别人问你"How are you doing"时，很多时候你还在思考如何遣词造句，对方已经飘然而过。后来别人只要问这个问题，我必答"Good"。《老友记》其实告诉了我这一点，"How are you doing"就是一种问候、一种表示"我很在乎你"的形式，或者仅仅是没话找话，你要做的只是保持微笑。

案例二：How are you 在德国

同样是问候语，在德国却是另一番景象。

你想知道为什么在简单地问候你的德国朋友一句"How are you（你好吗）"之后，德国朋友对他的健康、财务和个人生活进行了15分钟的详细说明吗？在德国，"你好吗"可不是一个问候短语，它是一个真正的问题。人们期望你回答并谈论你的生活，如你的家人怎么样或者你周日下午的计划是什么。你在工作的时候在走廊上遇到某人，如果不想开始一场长谈，最好只说"Hallo/Hi（你好）"然后继续前进。

【思考】

1. 除了"How are you doing"和"How are you"之外，你是否还知道英语中其他的问候语？请列出英语中的问候语，并试着说出这些问候语应该如何使用。

2. 汉语中有没有类似于"How are you doing"或"How are you"的问候语？中国人见面时经常说"吃了没"，你认为外国人听到这样的问候会作出什么样的反应？

知识补给

跨文化沟通

跨文化沟通指的是具有不同文化背景的人相互之间进行的信息交流，其典型的情况是：信息的发出者是一种文化的成员，而接受者是另一种文化的成员。人们因为地域不同、民族不同、国家不同等而存在文化差异，因此跨文化沟通可能发生在不同国家的人之间，也可能发生在不同的文化群体之间。

有效的跨文化沟通是一件非常困难的事，其背后的原因很多：语言习惯的不同、文化背景的不同、思维习惯的不同、人际关系处理方式的不同等。一个人的文化背景会影响他对事物的基本假设，而对事物的基本假设会影响他的感知、态度、情绪的表达方式，最终影响他的行为。沟通双方特别是来自不同国家的两个人，要达到完全心领神会的境界非常困难。

跨文化沟通的基础是相互尊重、相互了解，并不断加深理解、更加包容，接受彼此的文化差异。

拓展阅读 >>>>>>>

沟通是跨文化理解的桥梁，有效的跨文化沟通到底有哪些要点呢？我们来看看以下两位同学的经历对你将来与不同文化的人沟通有什么样的启发吧。

交换生的"联合国"

AFS 国际文化交流项目赴美国交流学生　娄佳莹

比起初来乍到时的不适应，我改变了许多。但是我发现我们学校其他国家的交换生比我更如鱼得水，他们适应能力相当强。同样是交换生，我们学校的两个德国学生尼尔（Neils）和安娜（Anna）应该是最吃得开的。因为欧洲学生的英语水平普遍比我们高，跟美国学生聊天对他们来说没有什么问题，所以他们俩在学校的朋友都很多。毕竟不同国家的人有着自己不同的优势和劣势。单从交朋友这方面来说，欧洲人有着语言上的优势，他们的性格也都比较外向，所以他们都很有自信，跟美国人交往的时候也很大方，而且他们非常积极地参加学校每个季度的体育项目，这些因素都使得他们能够很快融入美国社会。

而来自意大利的韩裔女生班尼（Benny）又是另外一种类型。因为她出生在意大利，基本没有在韩国生活过，也就相当于欧洲人，已经完全西化了。但是尽管如此，她和那两个德国学生还是有着很多不同。班尼的自我优越感很强，她父母都是韩国人，亚洲人骨子里对学业的重视使得她在学习上比欧洲学生要上心，在这点上我们很谈得

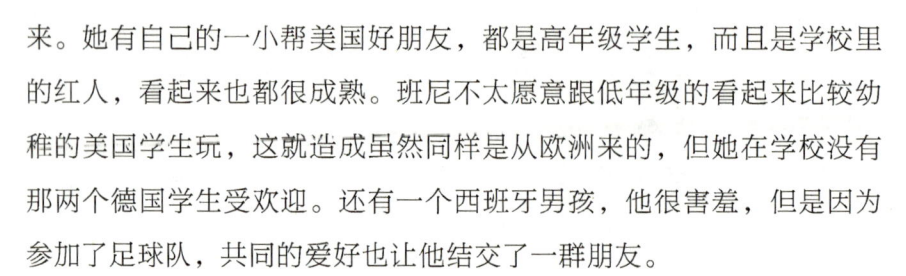

来。她有自己的一小帮美国好朋友，都是高年级学生，而且是学校里的红人，看起来也都很成熟。班尼不太愿意跟低年级的看起来比较幼稚的美国学生玩，这就造成虽然同样是从欧洲来的，但她在学校没有那两个德国学生受欢迎。还有一个西班牙男孩，他很害羞，但是因为参加了足球队，共同的爱好也让他结交了一群朋友。

  再来说说香港妹子纳塔莉（Natalie），我们俩关系比较好。平时走在学校里，就能发现和她打招呼的人比我多一些，其中的很多人只是跟她一起上过一节课，她也很热情地跟他们打招呼。再看我，从小的性格就是见了不熟的人能不说话就不说话，即使在同一个班每天都见面的同学，如果没怎么说过话，我也会选择不跟人家打招呼。我在学校里的外号是"冰美人"。纳塔莉平时很关注学校里同学之间的小事，而我却是抱着一种"事不关己，高高挂起"的态度。这样来分析，就不难看出问题的症结：虽然文化差异是很重要的一点，但是其他国家的交换生也都会面临这个问题，所以还是我们的心态和性格所致。我经常在日常生活中抱着游离的态度，跟自己不沾边的事情就不去关注，举例说明：一群同学在一起议论一件事，我和纳塔莉都听到了，但是她往往会表现出有兴趣和很关心的样子，而我往往就会表现出没兴趣和不关心的样子。换位思考一下，如果是我，也不会喜欢这样的人，这就导致我失去了很多交友的机会。思想上想通了，我就尝试着去调整自己，也会学着美国人的方式去夸奖一下别人的穿着打扮，坐在校车上也会主动去和邻座打个招呼、谈论一下天气。这样做多了，感觉自己通畅了很多。别人因你的主动而开心，自己也因突破了自己而自豪。我感觉之前自己一贯的做法其实是一种生活态度，冷漠、自私，甚至是孤芳自赏，会让自己与他人有距离，也会让自己内心产生无力感。用当下流行的一个词来形容，就是"负能量"。

（娄佳莹：《十七岁的交换人生》，南方出版社，2017。
收入本书时有改动。）

我就读的德国班级

AFS 国际文化交流项目赴德国交流学生　徐晨赫

在我刚到这个班的时候，虽然没有几个人对我表现出多少兴趣，但有两个人在我需要帮助时给了我无微不至的关怀。在这里我必须写出这两个人的名字：乔纳斯（Johannes）、瓦海（Wahe）。后来我们就成了最好的朋友，他们对我的帮助就像一缕阳光照进了我的心灵，为我在这所学校的交流生活开了个好头。我虽然最讨厌说什么事情很难，但这次却不得不承认，在德国上高中真不是件容易的事情。尤其是刚开始时，且不说语言问题，我在第二个月时连基本交流都是问题。听课？这是人类的语言吗？德国课程和中国课程大不一样，别的不说，德语、宗教、经济与社会基础、拉丁语、意大利语、法语、西班牙语，在中国我都没听说过。数学讲到了五次方、微积分，地理主讲欧洲地理，历史主讲欧洲历史，音乐主讲欧洲古典音乐流派和美洲音乐风格，在这之前我闻所未闻……咋办？逃避？这不是我干的事儿！还好我带了德语电子词典，上课时每发下一章的讲义，我都会用电子词典把不认识的生词翻译后写下来尽量记住。就这样，过了一段时间，无视一些古怪的形容词和副词，忽略一些实在诡异的语法，结合说明的图示，我竟然能看懂讲义了。刚到德国班级时，有很多事情我觉得不对劲。对于活跃的课堂气氛，我在中国有所耳闻，还不算很吃惊。当时觉得最不对劲的就是：这是一个"班"吗？怎么和中国的"班"的概念差别这么大？学校就像只是给了我们一个"班"的环境，让大家在这里学习，老师不过是和我们一起研究、讨论问题而已，没有班长，没有学习委员，没有文体委员，没有纪律委员……一开始我不明白这是怎么回事，只是觉得很奇怪：这就算一个"班"了？一个"班"怎么可以这样？后来我了解到，国外很多学校没有班干部，德国学校正是这样。

经过一段时间的努力，我可以用德语和朋友们进行简单的对话了。再后来，我上课可以听懂一点了，在德国的生活逐渐变得容易起来。我所在的德国班级有27个人，男女比例严重失衡：男生10人，女生17人。据说是因为德国男生大多学习不好，能进入文理中学学习的多数是女生。过去，中国人对外国人的印象是特别活泼、特别开放。我之前虽然了解过德国人的特点——守纪律、讲整洁、守时间、喜清静、待人诚恳、注重礼仪、讲究秩序、严肃沉稳、不尚浮夸、保守古板，但没太当回事，觉得德国人再保守也没有中国人保守。其实未必。以学生们的交往为例，在学校，每个人都有自己的一个圈子，圈子之间泾渭分明。大多是几个男生一个圈子、几个女生一个圈子。一到下课，他们工工整整地站成一个圆形，然后大家一起聊天，话题无非是体育、学习、游戏，有时还会谈论甚至模仿电视上、网络上有趣的东西。我所在的圈子有8个人，其中就有乔纳斯和瓦海。但不能光和这些人交流啊，其他的人靠什么接触呢？参加派对没啥大用，由于他们都是一个圈子一个圈子的，所以即便是在派对上，仍然像平常一样还是那几个人。虽然我有机会认识许多校外的人，和他们在派对上也能聊得起来，但毕竟平常没法频繁地和他们接触。然而，一个小东西——同学录，帮了我。德国人非常诚实，他们不会骗人，在同学录上写的东西都是真的。借着同学录上的信息，每个人的兴趣爱好、每个圈子的成员，我就能知道个大概，这样就会方便很多。虽然一开始进入他们的圈子很不容易，但一旦他们接纳你，就很少刻意隐瞒什么事情，会和你讲很多事情。我后来才从他们那里知道，原来在我刚来时，他们虽然不会很热情地与我交往，但一直都在观察我。我的所作所为、一举一动，我与老朋友的交往，都是他们谈论的话题；我过去的表现会成为他们对我个人的评判依据。知道这些后，我大吃一惊——他们太有心机了吧。还好我表现一直良好，要是犯点儿错误，就很难融入他们的圈子了。

> 实践探索 >>>>>>>

阅读以上两个案例，回答以下问题。

1. 跨文化沟通最常见的问题是什么？
2. 如何建立有效的跨文化沟通？
3. 思考：学校暑假要组织高一学生去美国、德国、意大利和日本的友好学校访问，还要住在当地老百姓家中。请你从中选择一个国家，结合本书所学知识，想一想你该做好哪些方面的准备，才能与交流国家的伙伴建立有效的跨文化沟通。

第二节　亲朋之间

> 案例思考 >>>>>>>

在中国，当你请求家人或朋友帮忙时，你通常会如何表达？请和你的同学做一次角色扮演：你在家里口渴了，这个时候，你要让妈妈帮你倒杯水，你会怎么说？

我们来看看意大利和美国的家庭是怎么对话的吧。

案例一：意大利人的礼貌

AFS国际文化交流项目赴意大利交流学生　蒋云帆

意大利人说话的方式和我们大不一样，主要体现在他们的礼貌用语非常多。例如，一次我的接待妈妈给她的妈妈打电话请求帮忙："你好，妈妈，对不起，打扰你了，能请……吗？谢谢！"在他们看来，任何场合都要使用礼貌用语。这让我不由自主地想到：如果我在中国对亲戚这样说话，会怎样呢？他们会感到别扭，觉得我像个陌生人一样。这是我到意大利1个月以后学到的：说话应多用礼貌用语，不该用命令式的口气。他们在请别人帮忙时，总是用"可以……请……如果想……如果有时间……"这样的句式。

案例二：美国妈妈

AFS 国际文化交流项目赴美国交流学生　刘婧君

中国人和美国人不同，中国人委婉，美国人直爽。我刚来接待家庭的时候，接待妈妈就告诉我，她对自己的孩子要求很严格，家里规矩比较多。她拿我当自己女儿，希望我也能遵守家里的规矩。我有什么错误，她会直接指出，有时甚至会严厉批评。我曾经一度受不了这种方式，在我心里，我大老远从中国过来，她总要客气一点吧。但慢慢地我明白了，这就是美国人的风格——心直口快。

（张玲、余明忠：《天下游学·情满五洲——CEAIE-AFS国际文化交流项目30周年随感录精选集》，北京教育出版社，2011。收入本书时有改动。）

【思考】

1. 以上两个案例中的沟通方式，你更喜欢哪一种？为什么？

2. 认真回顾你和家人或好朋友的沟通方式，并和你的同学相互分享。

3. 在我们的日常生活中，到底什么样的沟通方式才算是"恰到好处"的礼貌方式呢？

4. 你认为是什么原因造成了各国沟通方式的不同？

知识补给 >>>>>>>>

沟通的语境

语境是指两个人在进行有效沟通之前要了解和共享的背景知识以及要具备的共同特点。在沟通时依靠这些背景知识来传递信息，沟通的语境就较高，反之语境就较低。高语境沟通是指在沟通中大部分的信息传递通过物理环境或者内化在个体身上的理念来实现，而很少通过外在语言来实现；低语境沟通正好相反，大部分的信息传递通过清晰的外在语言来实现。具体而言，沟通语境至少包括4个方面的内容。

1. 沟通方式和内容，其中沟通方式是指直接/明确还是间接/含蓄。

2. 在沟通过程中对人际关系的依赖和关注程度。

3. 在沟通过程中对时间的依赖和关注程度。

4. 在沟通过程中空间因素被依赖和关注的程度。

高语境沟通与低语境沟通的特点

就沟通语境而言，不同国家之间的差别非常大。以中美两国为例：中国人追求的沟通的最高境界通常是"意会"而不是"言传"，美国人追求的往往是尽可能用语言表达一切。"意会"是高语境的一种表现，中国的家人、朋友之间通常不会用语言表达亲情或友情，因为这样做好像显得浅薄。用语言表达一切就是低语境，如美国爱人之间常把"甜心蜜糖""我爱你"挂在嘴边，朋友之间也彼此称赞。

来自不同语境文化中的人对日常事务的关注行为也不同。高语境文化中的人会关注对方说话时的语气、表情，所处的物理环境以及座位的安排等隐性的话语环境，以准确判断说话人的真实思想和意图。因为很多真实的想法其实隐藏在这些细节中，而不在语言之中。人们要揣摩字里行间的意思，琢磨话外音。相反，低语境文化中的人一般只关注明确的语言信息，因为基本的意思都说明白了，所以不会动脑筋去揣测别人言词背后的意思。

> 拓展阅读 ▶▶▶▶▶▶▶

红白交错的梦与现实

AFS国际文化交流项目赴丹麦交流学生　江伊群

在和接待家庭的相处中，我学会了"对质"（confrontation）。这也是AFS国际文化交流组织经常提到的一点：直率地说出自己的看法，直率地问也许有些尖锐的问题。坦诚相待说起来容易，做起来太难，毕竟相处的时间只有短短的10个月，而文化背景与价值观的差异却是如此之大。住在同一屋檐下，琐碎的矛盾会非常多，如果逃避或者藏在心里，这些矛盾积累起来会毁掉这段关系；如果直面它们，这段关系会在矛盾被正确解决后变得融洽。无论如何，我和接待家庭的关系是在一次次对质时的尖锐和交心时的坦诚之后变得更紧密的。我其实蛮幸运的，因为我的接待家庭成员之间关系很健康，原因就是他们对彼此很坦率。但我的性格其实是比较内向而敏感的，所以一开始还很不适应。我要感谢我的接待妈妈，我觉得她很有智慧。她是一个做事井井有条的人，有时候说话非常严厉，是直截了当又正中要害的那种。她第一次批评我时，我都快哭了。

例如，5月中旬的某天上午，在把3个要寄给家里的大箱子半拖半扛、千辛万苦地送到邮局去之后，我觉得"万事大吉"了，便陷在沙发里看起了美剧，美其名曰考前放松加练习听力，因为下午还有场英语考试。不幸的是，我忘记了两个任务：把狗锁到地下室（不然它们会把家里弄得乱七八糟）和整理洗干净的衣物。于是，当我一身轻松地考完试回来时，就被叫去和妈妈单独谈话。她"梆梆梆"地说了这些话："我非常生气，虽然气会消的，但我现在非常生气。你为什么没有把狗锁到地下室和整理衣物？一个家庭的运转是靠每个人做好分内的活，而不是坐在那里什么都不做、指望别人动手。我和你爸要工作，但我们照样做早饭、午饭、晚饭，所以我们希望你和凯瑟琳起码做好我分给你们的任务。如果你没法理解这一点，接下来的7周我们没法相处。"然后，我本来被免除的洗碗的活又重新回来了。当时我整个人完全蒙了，一句"我忘记了"听起来太苍白无力了。但后来我仔细想想，觉得我其实挺冤的，勤勤恳恳做了那么多家务活，难道就要被一次无心之过给抹杀？况且她说得我好像只是吃闲饭的，而不是家庭的一员。我做了那么多家务活，她难道没有看到？怎么那么武断地说我不理解这个家庭怎么运转？当时我义愤填膺。我的感想是：她看不到也不理解我的努力和对家庭的用心。

我冲过去无比严肃而满腔义愤地质问她："你生气是因为我没有做家务，还是因为你觉得我不想做？"我都想好了怎样指责她对我的不信任。她说："因为你没有做。不过没做的原因可能是有那么一点点的懒惰和不想做。"糟糕，和设想的不一样，于是我断断续续地说这挺好的，并且保证下次不再犯了，请她相信我。她说她从来没有怀疑过我，只是她觉得有时候尖锐的方式虽然痛苦，却最有效，然后误会消除，完全没有不和谐或者别扭的感觉。这样做比顾及礼节和客气，让不满在心里发酵好多了。

实践探索 ▶▶▶▶▶▶▶▶

你喜欢哪一种沟通方式呢？针对以上所学高、低语境的定义，找出你看过的图书或影片中能够代表两种不同沟通方式的典型案例及其不同的沟通特点，填写在表6-1中，并和你的同学一起分享吧。

表 6-1 高、低语境文化对比

高语境文化	低语境文化

第三节　课堂之上

> **案例思考** ▶▶▶▶▶▶▶

学在丹麦

AFS国际文化交流项目赴丹麦交流学生　雷雪吟

我回国后，不少人问我在丹麦的学习情况。由于我读的是对术科并不重视的十年级，所以我不敢对丹麦学生的学业有什么评价。但我可以很肯定地说，丹麦学生比我们中国的学生要轻松得多、快乐得多、成熟得多、自立得多。学校对学生的成绩并不很重视，他们拨出大量的时间，让学生参加各种社会实践活动。有时候，为了让学生了解某件事情，学校甚至会做出在我们看来近似无聊的举动。

某个项目的主题是难民，全校学生被分成24个"难民家庭"，我们要编写家庭故事。我的"家"里有一个70岁的爷爷，有爸爸、妈妈，有3个女儿，我是二女儿，曾经是公共汽车售票员。9月8日，老师通知我们22点到校。这晚的行动让我至今难忘。

当天晚上，我准时到校，找到"家人"后，跟着大家来到一个地下室。我先是领了一叠表，按要求填上自己假设的名字、年龄、身份和来自哪个国家，这是领"身份证"用的。然后去找"面试官"（由老师扮演）面试，面试时只说英语。随后我们坐上公共汽车上路，20多分钟后，车被一群"士兵"拦截。他们把我们这些"难民"连推带搡地撵下车，分成男生一组、女生一组，挨个"搜身"。他们把我们的睡袋、水等随身物品"抢走"，还"抓走"了几个人，并放了几枪，这情形就像真的一样。检查完"身份证"，只有一人通过了，包括我在内的其他人被拒绝"入境"。我们只好绕道"偷渡"。船是橡皮艇，一次只能坐一人。轮到我过河时，我人生中最"悲惨"的事发生了：船翻了，我掉进了冰冷的河水里。好在我会游泳，河面也不宽。上岸后，我换上了一双干袜子，在脚上套上塑料袋、穿上鞋，穿着湿裤子继续赶路。没办法，坚持吧。接下来，我们要按照一张地图的提示寻找一处睡觉的地方。我们走了一个多小时才找到一处仓库，在铺满干草的地上睡了2个小时。凌晨4点，我们被叫起来，行军3个小时回到学校，差点儿累散架了。到学校以后，还要上语言课，我实在太困了，趴在桌子上睡着了，没想到被记者拍照登在报纸上了。

第二天看了一场电影，讲述的是来自3个不同国家的人在丹麦当难民的故事，他们经历的苦难要比我们一晚上经历的多得多。可就这一个晚上，我已经体会到了当难民的滋味真是不好受。我暗暗发誓：保护和平，反对战争！以前我是从不关心这件事的，觉得与我无关。在这次教育活动中，学校让我了解到在这个世界上和平比什么都重要。这种教育方式难道不比长篇大论的说教有用得多吗？

【思考】

1. 案例中的丹麦课堂有什么样的教学特点？
2. 你有过类似的课堂体验吗？和你的同学一起分享吧。

知识补给

跨文化沟通之课堂教学

美国教育理论家大卫·库伯在约翰·杜威、库尔特·勒温和皮亚杰经验学习模式的基础上提出了经验学习圈理论。他认为经验学习过程是由4个适应性学习阶段构成的环形结构，包括具体经验（concrete experience）、反思性观察（reflective observation）、抽象概念化（abstract conceptualization）、主动实践（active experimentation）。具体经验是让学习者完全投入一种新的体验；反思性观察是让学习者在停下来的时候对已经历的体验加以思考；抽象概念化是学习者必须达到能理解所观察的内容的程度,并且吸收它们,使之成为合乎逻辑的概念;到了主动实践阶段,学习者要验证这些概念,并将它们运用到制定策略、解决问题之中去。

基于西方教育理论对学习者经验学习圈的认识,西方国家的课堂教学方式比较多样。除讲座外,常见的有案例分析、角色扮演、模拟游戏、团队讨论、任务式学习等,表现出以学生为中心、以活动为中心、教师为主导的特点。以上案例中的丹麦课堂就是比较典型的角色扮演/模拟游戏教学法。

> **拓展阅读** >>>>>>>

美国课堂的"Project"

AFS 国际文化交流项目赴美国交流学生　娄佳莹

美国课堂经常会有一些project(项目)让我们来做。例如:老师会让我们创建党派,然后做一个展示;或者编写一部法律,然后向大家介绍它的内容。这种课堂教学方法让我感到既新鲜又无处下手,很有挑战性。但是我还是拼尽全力去完成,毕竟我在中国是班里响当当的学霸,不能让美国人小看了我。我终于完成了一个又一个项目,熬到学期结束,在我打算松口气的时候,没想到老师又给我们布置了一个项目。这个项目是从他列举的美国10个著名法律案件中挑选出一个,同时挑选和自己论点相反的辩论对手,在课堂上进行辩论。当时我有点傻眼,我虽然很喜欢辩论,而且有这方面的天赋,但是让我用英语辩论,还真是"大姑娘上轿——头一遭",瞬间感到"压力山大"。我选了一个名为罗伊诉韦德(Roe v. Wade)的案件。它是美国一个非常著名的堕胎案件,在美国历史上很有影响,有着"美国第二次内战"之称。虽然案件结果是支持堕胎的罗伊赢得了这个案子，但我还是坚定地选择反对堕胎的韦德一方。因为小时候妈妈给我看过一个关于堕胎的视频，画面中一个已成形的胎儿被人为地断送了生命，现在回想起来，那些画面还历历在目。我为这个可怜的孩子难过，也为不负责任的父母痛心，这也是一条生命啊，未出生也是有生存权的。我要是律师，肯定要支持反堕胎法。选定了主题，我就开始准备材料。

我先从网络上搜索案件的信息，把案件的过程和双方的论点都看了一遍。把前因后果了解清楚后，我就开始寻找对我方有利的观点。但是网络上能找到的资料不是很多，能够作为论据支持我的论点的资料也很少。经过筛选，我选出了三点，但是万万没想到，这些资料并没有帮上我的忙。很快就到了正式辩论的这一周，每节课解决一个案子，看着其他学生在台上侃侃而谈，我直冒冷汗，感觉非常紧张。虽然现在日常口语交流和听课基本没问题，但是要我在台上和对手唇枪舌剑地辩论，还真有些赶鸭子上架。先不说我自己的辩论才能和技巧，光是在对方说话的短短几分钟内听清楚对方说的每一句话，然后组织好反驳的语言，对我来说就不是一件容易的事情。更闹心的是，这一周我的搭档几乎没来上课，孤立无援的我感到非常焦虑。

周五轮到我上场了，我的搭档依旧没有出现。老师看出我的无助，临时决定作为我的搭档参加辩论。多亏有老师的帮助，场面才没有太失控。辩论开始了，我紧张得手心直冒冷汗，大脑一片空白。对方也是两名辩手，先阐述了他们的论点，认为堕胎是符合人性的，应该支持。我方老师先对其中一个女生的论据进行反击。这时我才发现，准备的材料除了我们自己的论点，其他的根本没用。我们根本不知道对方会对哪一点进行攻击，这完全就靠临场发挥和随机应变了。当时我心里一紧，只能听天由命了。等老师和那个女生辩论完，轮到对方另外一个女生阐述。对方侃侃而谈，论点论据很清晰。轮到我进行反击了，如果不是怕拿不到学分，我肯定就挂起免战牌了。我看看旁边的老师，老师鼓励地看了我一眼，冲我点点头。好吧，为了"战友"，我也要上啊。对方的论点我大概听懂了，就是说因为堕胎不合法，很多怀孕的女性只能自己堕胎或者去不合法的小诊所，这大大增加了堕胎女性的死亡率。我快速构思，想了一个回击点：这些人在进行性行为之前，并没有想清楚如果怀孕了要怎么办。如果他们没有做好养育子女的准备，就要避免怀孕。他们无权轻率地剥夺一个孩子来到世界上的权利。别看我有理有据地琢磨了这么多，这些话作为中文在我的脑子里转来转去，但用英语说出来时却完全词不达意。大概是太紧张了，我还有些结巴。说完以后，我就绝望地闭上了眼睛。对方当然没听懂我想表达的意思。就在我说也不是、不说也不是地傻站着时，老师很快出场解围，帮我表达了我的意思。一个男同学也举手发言，而他说的恰恰就是我想表达的观点。但是，刚刚那个尴尬的瞬间让我感觉有一个世纪那么漫长。同学们的表现让我非常感动，大家都对我投来了鼓励的目光。辩论会继续进行下去，也给了我一个台阶下。到我方阐述论点的时候，老师让我读了自己准备的材料。因为事先准备好了，所以还算顺利，而且也清楚地表达了我们的论点。最让我吃惊的是最后的结果。我们辩论完都会有一个全班投票的环节，大家投票选出本次辩论的获胜方，结果是我方获胜！这太出乎我的意料了。老师拍拍我的肩膀，高兴地说："做得不错！"虽然我知道自己没起多大作用，但还是很开心地和老师击掌庆贺。

（娄佳莹：《十七岁的交换人生》，南方出版社，2017。

收入本书时有改动。）

实践探索 ▷▷▷▷▷▷▷

总结以上案例中提到的课堂教学特点和教学目标，从环保、可持续发展和人类命运共同体等主题中挑选一个，选取一种课堂教学模式，和你的同学一起设计一节课。要求：教学目标明确，教学形式生动，授课后使每个学生都掌握教学要点。

延伸阅读 >>>>>>>

巴西——在这里，每个灵魂都被温柔以待
AFS 国际文化交流项目赴巴西交流奖学金获得者　彭琳

Olá! Tudo bem?
Hello! How are you?
嗨！你好吗？

为期4周的巴西之旅结束了，作为出发国距离目的国最远、在行程上花了最长时间的学员，我感触良多。

在这里我将把我的心得分为三部分，与大家分享。

01 Safety（安全）

Why did I choose Brazil（我为什么选择巴西）

大家都知道巴西的治安状况并不理想，经济发展水平也不高，而且在3个目的国的选项中还有美国这个看起来更好的选择，那我为什么要花40个小时、倒3趟飞机跑去那里呢？

这是3个国家中唯一一个位于南半球的，体验季节反差是多么美妙（虽然纳塔尔在热带地区，气温和我们的夏天没多大区别）！

这是一个官方语言为非英语（葡萄牙语）的国家，他们的英语总体水平相比美国会低一些，我也许能听懂更多的课程呢。

巴西人的热情与开朗举世闻名，出生在亚洲的我从来没有体验过这样的文化。除了安第斯山脉、秘鲁和的的喀喀湖以外，南美洲在我的印象中是一片空白。

当然，还有比较与权衡的原因，这就像写议论文时论证要完整并让人信服一样。相对于巴西，我不敢挑战埃及炎热的夏天，而我对美国文化的了解程度比巴西深。最终，我选择到巴西进行文化

探险。

Rules（规矩）

没有规矩，不成方圆。在参加项目时，我们需要遵守相关的行为准则。

但有趣的是，除了AFS的五条黄金基本准则以外，其他规则都由我们自主讨论。这样的方式让大家清楚透彻地知晓每条规则，并理解设计规则与遵守规则的意义。

当有人打破规则时，我看到了不同国家、不同文化的人对规则的态度。美国朋友会把关注点放在"是谁向工作人员告发了违反规则的人"；印度朋友和来自中国的我会"在风中凌乱"：为什么你们在已经知道规则的前提下，还要打破规则？为什么不直接认错，还要开会讨论？

我并不想对任何国家的文化与价值观进行抬高或者贬低。我认为，在文化与价值观上，只有理解与不理解，没有孰优孰劣之分。

随着日子的推移和交流的深入，文化差异渐渐显示出来，尤其是东西方的文化差异：匈牙利朋友会和南非、美国朋友聊得火热，中国、印度和埃及朋友打成了一片。这个现象非常有趣。

School（学校）

在巴西，我80%以上的时间是在学校里度过的，学校生活成为我这段经历中最重要的一部分。

学校里虽然环境规划稍稍逊色，但是我相信他们的教学设施绝对是一流的：对于学机械的同学来说，学校里有实打实的机床；对于学地质的同学来说，学校里有一个矿石博物馆；对于学生物的同学来说，学校里有花园，可让学生培养自己的植物；对于毕业后想直接创业的同学来说，学校里有专门的企业孵化室，向本校毕业生免费提供

2年的场地和部分资金支持。

02 Respect（尊重）

Equality（平等）

歧视，我想是每一个中国人在出国前都会担心的问题，外国人会歧视黄种人尤其是中国人吗？这个项目汇集了来自世界各地的、肤色不同的学生，值得高兴的是，这样的事情没有发生。

在出发前的网络培训上，我们对刻板印象进行了学习。其实我有一些敏感，别人与我交流时，一个细微的动作就会让我多想。

在我第一次见美国同学迈克尔（Michael）的时候，我有些被他魁梧的身材吓住了。随后他与我们逐一握手，但在与我握手的时候，他看向了别处而不是我的眼睛。我心想："他是不是歧视黄种人？他为什么要用这种态度来和我打招呼？"这样的想法在我的脑子里炸开了花。

但是随着时间的推移，我发现迈克尔是一个有些腼腆的男孩子。在照相的时候，为了和我保持高度一致、不挡住后面的同学，他屈着膝盖完成了合照的拍摄。

所谓成见，其实就是自己在心里给别人加戏，让自己难受，也让他人困惑。迈克尔握手的时候看向别处并不是有意为之，但我却敏感地为他贴上了毫无来由的标签。一切都应以交流为基础，在你未充分了解一个人、一种文化时，千万不要贸然下定论。

Privilege（特权）

关于这个话题，我第一次看到各国之间现实的距离。一天下午，学校开展了一个小活动：大家在开始时站在同一条起跑线上，随后我们被要求闭上眼睛，对于老师提出的问题，回答"是"便向前走一步，回答"不是"则站在原地不动。问题大概是这样的：

"你从来没有过经济上的困难吗？"

"你可以每周至少去看一次电影吗？"

"你敢独自一人走在你家附近的街区吗？"

"你可以在周末邀请你的朋友到你家吃饭吗？"

"你在被警察拦住时不会感到害怕吗？"

当我睁开眼睛的时候，我惊讶地发现，每个人所前进的距离都不相同。有一部分我想象中应该在我前面的同学，此刻却站在我的后面。

这是我第一次直面这样的问题，关乎生存最基本的需求：安全、尊重与自由。在这之前，我仅仅在报纸上或者纪录片中了解过相关的情况。

我无法准确地描述我在睁开眼睛后，发现自己站在哪里、别人站在哪里时的那种感受。我站在队伍中靠前的位置，我很感激我的祖国与我的父母为我提供了一个安全、良好的生活环境。

"一开始我在思考，这个活动会不会让我们之中的一些同学感到悲伤和沮丧。但是转念一想，我明白了，这个活动的目的是让我们认清这个世界仍不平等的现实，并鼓励我们互相帮助，共同建设一个更美好、更平等的未来。我很高兴，在这里没有人因为肤色或国籍歧视他人，在这里每个人都是被平等相待的。"这是我后来在小组讨论里的发言。

03 Excellence & courage（完美与勇气）

如何解释excellence（完美）？我的想法是：跳出别人设定的框架和标准，用自己的方式做完美的自己。而对于courage（勇气），我的理解是：拥有自信，敢于表达自己的想法。

Setting goals（确立目标）

"不忘初心"是我在本次学习中感受较深的主题之一。

在学校上课的第一天，老师便让我们在学习手册的第一页上写下自己想要达到的目标，并在每周一次的mentoring session（辅导时间）回顾自己上一周的表现，评估自己的目标的完成情况。

每当我和同学疯玩到几乎忘记我制订的目标是什么的时候，老师总能把我拉回正轨，一次又一次地提醒我要"不忘初心"：不要忘了自己最初为什么来到这里，不要忘了自己想获得怎样的锻炼和提升，不要忘了自己想成为一个怎样的人。

Empower yourself（强大自己）

在学习过程中，我们聆听了大大小小的课程讲座，有关于智能城市的，有关于教育平等的，有关于暗物质的。其中，我印象最深刻的是瑞典女科学家给我们带来的关于鼓励女性让自己更加强大的讲座。讲座的主题虽是关于女性的，但我认为它对我们任何一个人来说都具有意义。

她说，既然达到60%就可以通过考试，为什么还要拼了命地去争取更高的成绩呢？这似乎与目前我们的奋斗状态有些偏差。

我的理解是：有些时候做得更好固然是好的，但是在这个更好的目标并不完全适合你的时候，在你为了这个更好的目标放弃正常的作息甚至影响了你的生活的时候，你为了它呕心沥血只是一味地追求进步，向前，再向前，还有意义吗？我想未必。

Try to be good enough（努力做到足够好）

足够好和更好的区别在于：你清楚你的足够在哪里，你清楚你想要的是什么；有些时候你可能并不清楚你的更好会带给你什么。做到足够好，拥有一个明确的目标、一个完善的计划，有些时候会比做到更好更能收到事半功倍的效果。

Possibilities（可能性）

我遇见了很多人，他们的生活经历让我瞪大了眼睛：这是和我完全不一样的生活方式。在世界上的其他地方，原来还有如此特别、有趣的生活方式！

我们都在同一个地球上生活着，但是并不是所有的人都希望自己中规中矩地考上大学、找工作、过朝九晚五的生活。

在这里，我看到了许许多多种可能性，它们完全打破了我对生活的思维定式。

在我们的身边，存在着成千上万种不同的生活方式：有安稳的，也有刺激的；有安顿在一个小乡村里的，也有游历世界的。只不过我们总是安于我们了解的世界，跳出那个思维的圈，去探索身边的可能性，也许你的生活会发生意想不到的改变。

My improvement（我的进步）

在4个星期里，我从一开始的小心翼翼、沉默不语，到某一天晚上鼓起勇气给大家唱中文歌，再到在巴西韵律课上自由地独舞……我改变了很多。

在这里，我收到了很多很多真诚的赞美和鼓励：在清晨，我的室友会因为我的吊带裤夸我可爱；在"国际派对（international party）"上，全场为我的汉服而鼓掌；在车上，为了让我克服社交恐惧症，印度朋友向我推荐了涂鸦跳跃（doodle jump）来破冰；在准备最后的小组任务时，每一个看到我的画的同学都说："Oh my god! You are an artist!（我的天哪！你是个艺术家！）"；在一天晚上，美国的艾莉森（Allison）对我说："You have such a sweet voice, why don't you sing more?（你有一副这么甜美的嗓子，你为什么不再多唱一点呢？）"。

每一次我在手机上用中文和自己的家人交流时，总能引起围观：

"我的天哪！这都是些什么？""你怎么可以记住这么难的文字？太了不起了！"……

在这个温暖的大家庭中，我慢慢地敞开了心扉。在他们的鼓励下，我变得比以前勇敢、自信。我抓住任何一次能够说出我的想法的机会，不再惧怕自己弄错了什么。听不懂印度朋友和埃及朋友的口音，我便一次又一次地询问他们想要表达的是什么。丢了保温杯，我便自己用百度翻译去问酒店前台的工作人员。

在最后的辅导时间里，老师问我们："你在这个学术营中最大的收获是什么？"我第一个举手："自信（self-confidence）。"

后　记

中国教育国际交流协会AFS国际文化交流项目长期致力于国际理解教育和跨文化学习的理论与实践探索，《跨文化理解：高中国际理解教育课程开发》正是我们近年来工作的阶段性成果总结，也是我们未来进一步推动国际理解教育理论与实践研究的新起点。

国际理解教育包含五大领域，"文化理解"是其重要领域之一。跨文化学习是一个抽丝剥茧、回答"我是谁""我从哪里来""我要到哪里去"的过程，也是对一个民族为什么会形成某种特定的文化特征追根溯源的过程，这个过程是十分有趣的。不同的文化会有不同的特质，深入分析文化成因而得到对文化特征的印证，是一种跨文化学习的方法或思维方式。掌握了这种方法或思维方式，我们对某种文化影响下的行为就能更好地理解，对不同文化产生的撞击就能寻找出解决的办法。

本书收集的案例，绝大部分是中国教育国际交流协会AFS国际文化交流项目的学生和教师的亲身经历。在本书编写的过程中，我们几乎翻遍了1982年以来收录的所有AFS国际文化交流项目的学生和教师的回国总结。那些十几岁的孩子在跨文化交流过程中经历的不安、"文化休克"、蜕变和成长的故事，带给了我们无数的泪水和欢笑。我们由衷地感到，他们的故事就是最生动、最真实的国际理解教育实践。在跨文化理解课程的开发中，我们也接触了许多有过跨文化交流经历的中外朋友，阅读了大量有关跨文化交流的真实故事。其中有不解与茫然、有失落与痛苦，但他们都努力从对彼此的不同文化的了解和理解中包容了对方、释怀了自己、收获了快乐。国际理解教育就是倡导不同文化、不同文明间的相互理解、相互尊重与相互借鉴。愿我们都能用开放的心态、欣赏的眼光与不同文化、不同文明和谐共生，为构建人类命运共同体作出自己的贡献！

国际理解教育为我们开启了一扇窗——通过这扇窗，我们开阔了视野，学会从不同的视角去看待世界，尊重彼此、包容差异。国际理解教育为我们搭建了一座桥——跨越沟通的障碍，在学会理解他人的同时，学习与其他国家人民交往的技能，包容和尊重不同的民族文化、价值观和生活方式。国际理解教育为我们竖起了一面镜子——在了解别国的历史文化和社会习俗的同时，加深对自身文化的理解，继承中华优秀传统文化，增强文化自信。

在未来的工作中，我们还将持续推进国际理解教育的课程开发，以期为我国中小学国际理解教育的学科建设提供参考，为培养新时代青少年的国际视野和全球竞争力作出我们应有的贡献。

本书编委会

致 谢

感谢对本书提供指导的中国教育国际交流协会国际文化教育交流志愿者工作委员会理事会和顾问委员会的全体委员、理事：杨孟、李金俊、李守民、贺羽、于家、华泽峰和仲铭锦！感谢参与过本书编撰工作的有关人员：李阳、孙馨、杨梦媛、戴月、郦莉和陈珊！感谢所有为本书提供素材的AFS国际文化交流项目的教师、学生和志愿者！